AF296573

BAUDOUIN,

COMTE DE PROVENCE,

OU

LE RETOUR DES CROISADES,

MÉLODRAME

EN TROIS ACTES ET A GRAND SPECTACLE;

Par M. MARDELLE;

Musique de MM. QUAISAIN et MORANGE,

Ballet de M. RICHARD, pensionnaire de l'Académie Impériale de Musique;

Représenté pour la première fois, à Paris, sur le Théâtre de l'Abigu-Comique, le 19 Mars 1807.

PARIS,

Chez BARBA, Libraire, palais du Tribunat, der-
rière le Théâtre Français, N°. 51.

1807.

PERSONNAGES.   ACTEURS.

BAUDOUIN, Comte de Provence. M. *Joigny.*

MILON, usurpateur du comté de
    Provence.   M. *Defresne.*

RÉGINALD, fils de Baudouin,
    et cru fils d'Angilbert.   M. *Vigneaux.*

ANGILBERT, Maire du Palais.   M. *Tautin.*

ARNOLD, officier supérieur.   M. *St.-Clair.*

BEROALD, confident de Milon.   M. *Révol.*

OLIVIER, directeur des fêtes de
    la Cour.   M. *Raffile.*

RANULPHE, officier.   M. *Stokleit.*

THIERRY, officier.   M. *Martin.*

MARCEL, fermier, ancien soldat. M. *Dumont.*

BERTHOLIN, garçon de ferme. M. *Melcourt.*

ALEXIDE, nièce de Baudouin. Mlle. *Hugens.*

BERTRUDE, femme de Marcel. Mlle. *Lagrenois.*

Seigneurs et Dame de la Cour.

Soldats.

~~~~~~~~

La scène se passe à Arles, en Provence.

</div>
~~~~~~~~

BAUDOUIN,
COMTE DE PROVENCE.

ACTE PREMIER.

Le Théâtre représente l'intérieur du palais du Comte de Provence.

SCÈNE PREMIÈRE.

OLIVIER *seul*.

Il faut convenir que c'est une jolie chose que le séjour de la cour ; quel luxe ! quelle somptuosité ! C'est aujourd'hui qu'en ma qualité de directeur des fêtes, je vais déployer mon zèle et mes talens. Milon cédant aux vœux des habitans d'Arles, accorde les honneurs du triomphe à Réginald, ce héros si célèbre, qui ramène parmi nous la paix et le bonheur. La vertueuse Alexide est au comble de ses vœux, puisqu'elle aime ce jeune héros, et qu'un heureux himen doit couronner leur amour. Silence, Olivier, tu as surpris ce secret à la suivante d'Alexide, n'imite pas son indiscrétion, et rends-toi digne de la confiance que tu inspire. Mais sir Arnold, mon ancien maître s'avance. Quelle a été sa surprise de me trouver à la cour de Milon !

SCENE II.

ARNOLD, OLIVIER.

ARNOLD.

Tout est-il disposé, mon cher Olivier, pour recevoir dignement le jeune héros qui vient de repousser loin de nos murs les forces réunies du duc de Languedoc, et du comte de Valence?

OLIVIER.

Oui, seigneur, et vous verrez si j'ai rempli votre attente. Quelle journée se prépare ! Hier, à votre entrée dans la ville, un peuple immense a déjà fait éclater la plus vive allégresse. Quels seront les transports de tous nos habitans, à la vue de sir Réginald, qui vient de fixer les destins de la Provence.

ARNOLD.

Milon doit tout l'éclat qui l'environne, à l'intrépidité de ce preux chevalier: je crains cependant que jaloux de sa

gloire, il ne cède qu'à regret aux vœux de toute l'armée
qui désire ce triomphe.

OLIVIER.

Vous avez su pénétrer les sentiments du comte, seigneur;
et je tremble qu'un jour les conseils du perfide Béroald, ne
deviennent funestes à notre libérateur.

ARNOLD.

Rassure-toi; mon cher Olivier, tant que la puissance de
Milon ne sera point affermie, les jours de Réginald seront
en sûreté.

OLIVIER.

Mon cher maître, soyez prudent. (*il examine si personne*
ne vient).

ARNOLD.

Nous sommes seuls . . . et n'ai-je pas déjà eu mille
preuves de ta fidélité.

OLIVIER.

Votre confiance m'honore, seigneur; je ne cesserai jamais d'en être digne: avant votre départ pour l'armée,
j'avais le bonheur de vous servir; le souvenir de vos bien-
faits sera toujours gravé dans mon cœur.

ARNOLD.

Je puis donc, mon ami, déposer dans ton sein le chagrin
qui me dévore. Tu n'as pas à regretter un maître tel
que le vertueux Baudouin; tu ne connus jamais ce vaillant
chevalier.

OLIVIER.

Tous ses sujets en conservent le précieux souvenir.

ARNOLD.

Tu connais cependant les forfaits de Milon, tu sais que
l'infâme profita de l'absence de Baudouin, pour s'emparer
de ses états, et massacrer impitoyablement sa famille infortunée. O nuit! nuit affreuse! Hélas, mon retour en cette
ville fut le signal du carnage.

OLIVIER.

Lorsque vous revintes de la Palestine?

ARNOLD.

Baudouin comte de Provence, partit il y a dix-sept ans,
pour la terre sainte, à la tête de deux mille hommes d'armes,
et laissa pendant son absence le commandement de ses troupes,
à Milon son parent, et l'administration de ses finances, à
Hermanfred son beau frère; je suivis Baudouin en Palestine, et je fus témoin de ses glorieux exploits. Nos premières armes furent fatales aux infidèles; mais bientôt la
discorde, ayant divisé les chefs des croisés, notre armée
essuya les plus affreux revers. Saïar, Soudan d'Egypte,
profitant de nos dissentions, marcha contre nous à la tête
d'une armée formidable; réduits à un petit nombre, nous

tombâmes au pouvoir du cruel Soudan, qui exigea pour la
rançon de Baudouin, un prix considérable, et le condamna
à perdre la lumière, si dans six mois, cette somme n'était
point versée dans ses trésors, j'obtins la faveur de traverser
les mers, je partis, et vins auprès de l'épouse de Baudouin,
afin d'obtenir les sommes nécessaires pour la rançon de
mon maître. . . . . Mais, hélas ! quels affreux changemens
s'était opéré pendant notre absence ! je trouvai la vertueuse
Ormance et son frère Hermanfred en proie aux plus cruelles
persécutions, Milon, l'infâme Milon, dictant des lois à toute
la Provence. Le cruel ! la nuit même qui suivit mon arrivée,
couvrit de son ombre les plus horribles forfaits. A minuit
le signal du carnage fut donné ; des assassins, conduits par
Béroald , furent introduits dans le palais. L'infortunée
Ormance percée de mille coups, et Roger son fils, âgé
de trois ans, égorgé sur le sein de sa mère ; Hermanfred
jetté dans une obscure prison, où après avoir langui long-
tems, il termina sa malheureuse carrière, laissant au berceau l'infortunée Alexide. Ne conservant aucun espoir d'arracher mon maître à l'esclavage, et ne pouvant retourner
en Palestine, je m'éloignai de cette cour funeste ; j'ignore
si depuis ce tems l'infortuné Baudouin captif à Ptolémaïs,
a succombé sous le poids de ses malheurs ; et s'il a subi
l'arrêt fatal qui devait le priver de la lumière, tu sais que
je restai quinze ans ignoré dans une humble retraite ; mais
je n'ai pu résister aux sollicitations de Réginald, qui, par
les conseils d'Angilbert, son père, vint m'arracher de mon
azile pour le suivre dans les combats, et le seconder dans
ses glorieux travaux.

OLIVIER (à part).

Que ce récit m'a fait de mal.

ARNOLD.

Mais, mon cher Olivier, si nos preux chevaliers excités
par le sage Angilbert maire du palais, ont si puissament
secondé les efforts de son fils pour repousser les nombreux
ennemis qui voulaient envahir la Provence, crois qu'ils étaient
moins inspirés par leur attachement pour Milon, que par
l'amour de la patrie. Espérant toujours revoir le malheureux
Baudouin, ils veulent lui conserver ses vastes domaines, et
les lui rendre un jour si le ciel le ramène parmi nous.

OLIVIER.

Cessez, sir Arnold, d'espérer un changement si favorable.
Votre indignation est juste sans doute ; mais vos vœux sont
impuissans, profitez des honneurs que vous ont mérité vos
exploits, et renoncez, croyez-moi, à cette noire mélancolie
qui empoisonne le cours de votre vie ; sans oser me comparer
à vous, seigneur, que n'imitez-vous mon exemple ? prendre
le tems comme il vient ; faire le bien quand je peux ; jouir

en paix des faveurs de la fortune, et conserver au milieu
de cette cour, une gaieté inaltérable, voilà ma philosophie.

ARNOLD.

Mais comment, pendant mon absence, es - tu parvenu à
l'emploi de directeur des fêtes?

OLIVIER.

Quelque tems après votre départ pour la campagne que
sir Réginald vient de terminer si glorieusement, mon oncle
Marcel, fermier à deux lieues d'ici, me chargea de solli-
citer la pension à laquelle il avait droit par ses services et
ses blessures, j'allai me jetter anx pieds de Milon, et lui
présentai avec assurance le mémoire de Marcel qu'il par-
courût d'un œil indifférent. Pour fixer son attention, je
lui débitai mille extravagances, je l'appellai soleil resplen-
dissant, astre bienfaisant dont les rayons radieux, sembla-
bles au cristal le plus pur, éblouissent les yeux fappés de
son éclatante lumière, sa gloire avait éclipsé celle d'Alexandre
et de César; en un mot, je lui prodiguai ces louanges
d'une manière si originale et si empathique, qu'il adoucit
son regard et m'accorda sur l'heure ce que je désirais. Il
fit plus, il m'ordonna d'entrer à son service, et bientôt je
fus installé dans mes nouvelles fonctions. Cette journée va
faire briller mes talents, elle sera mémorable autant par le
triomphe de Réginald, que par la présence du jeune Renaud,
baron de Castellane qui vient de succéder au vieux Conradin
son oncle.   ARNOLD.

Enfin ce fier Renauld, cède à la sommation de Milon.
Ah! mon cher Olivier, je connais sa haine pour le comte,
et je suis assuré que sans le succès de nos armes ..... mais
on vient, c'est Milon, nous allons recevoir ses ordres.

SCENE III.
Les précédens, MILON, BEROALD.
MILON.

Mes troupes victorieuses s'avancent vers nos remparts,
Olivier, vole au devant d'elles; qu'elles soient reçues avec
magnificence. Vous, Arnold, allez avec une garde d'honneur
au devant du baron de Castellane, qui doit aujourd'hui
même venir me rendre foi et hommage en presence de cour.

ARNOLD.

Vos ordres seront exécutés, seigneur?

(*Olivier et Arnold sortent*).

SCÈNE IV.
MILON, BEROALD.
MILON.

Enfin, cher Béroald, nos ennemis sont vaincus, Réginald

a su repousser leurs phalanges nombreuses. Je dois à sa
valeur intrépide, les nouveaux succès qui vont affermir ma
puissance. Je veux, ami, célébrer dignement nos victoires.
Tout semble concourir à ma prospérité. Renaud, mon
vassal, sera témoin de ma gloire. Alexide présidera la fête,
et cette jeune beauté que je chéris, embellira de sa présence les jeux qui se préparent.

BEROALD.

Alexide, seigneur, connait-elle vos dessins ? lui avez-vous
enfin déclaré les sentimens qu'elle vous inspire ?

MILON.

Je la quitte à l'instant. Te le dirai-je ? loin de paraître
flattée de l'éclat des grandeurs, j'ai cru démêler dans sa
surprise une répugnance qu'elle n'a pu dissimuler , j'allais
au milieu de cette fête la proclamer mon épouse, mais son
peu d'empressement me force à retarder l'exécution de
mon projet.

BÉROALD.

Gardez-vous en bien, seigneur; tout vous fait la loi de
presser cet hymen qui va pour jamais consacrer vos droits ;
depuis 17 ans que le pouvoir suprême est entre vos mains,
combien de troubles il vous a fallu appaiser ! que de guerres
à soutenir ! profitez d'un moment si favorable. Alexide ,
nièce d'Ornance et seul rejetton du sang de Baudouin, vous
offre les moyens d'affermir votre puissance.

MILON.

Mais, qui peut lui inspirer cet éloignement ?

BÉROALD.

Pouvez-vous ne pas le devenir, seigneur, un ambitieux
qui a su captiver l'amour du peuple et de l'armée, le maire
du palais, Angilbert.

MILON.

Angilbert !

BÉROALD.

Tout me porte à le croire, je sais qu'il nourrit en secret
contre vous une haîne implacable.

MILON.

Malheur, au traître, s'il ose opposer un obstacle à mes
vœux les plus chers.

BÉROALD.

Il n'est pas le seul, seigneur, qui nuise aux intérêts de
votre amour, et son fils. . .

MILON.

Réginald ! explique toi.

BÉROALD.

Aléxide échappée au massacre de sa famille, fut élevée,
vous le savez, par les soins d'Angilbert, elle a pû, dès sa
plus tendre enfance, s'attacher à son fils, je n'en saurais

douter. . . . Son enthousiasme au récit des actions héroïques de ce guerrier, la joie qu'elle a manifestée à la nouvelle de son retour, tout confirme mes soupçons ; Angilbert lui-même favorise cet amour , et son ambition est d'unir son fils à une princesse qui a des droits au rang suprême.

MILON.

Les perfides ! si je le croyais. . .

BÉROALD.

Modérez votre courroux , seigneur , et sachez dissimuler ; Réginald qui n'a eu, jusqu'à ce jour, d'autre but que la gloire , peut partager enfin la haine de son père , et seconder son ambition ; il est adoré de vos soldats, son retour en ces lieux pourrait vous devenir funeste. L'amour et le respect qu'Angilbert inspire à toute la Provence , les exploits de son fils vous imposent la loi de différer votre vengeance.

MILON.

Je suivrai tes conseils, Béroald ; mais qu'il va m'en coûter pour modérer le courroux qui m'anime ! je saurai cependant me contraindre ; ma fureur pour être un instant suspendue n'en sera que plus funeste à mes ennemis. C'en est fait, aujourd'hui même , Alexide sera mon épouse. C'est au milieu de la cérémonie , devant ces deux perfides, que je vais la proclamer comtesse de Provence. Toi, pendant cette fête , observe les mouvemens de Réginald et ceux de son père. Si tes soupçons se réalisent, nous aviserons aux moyens de me venger d'un traître et d'un rival odieux.

BÉROALD.

Reposez-vous sur mon zèle, seigneur ; mais, voici Olivier,

SCENE V.

Les précédens, OLIVIER.

OLIVIER.

Seigneur, Réginald est aux portes de la ville, les trompettes, les clairons, les cimballes qui précèdent sa marche se mêlent aux cris d'allégresse d'un peuple innombrable. Femmes, enfans, vieillards, tous se pressent autour de son char, dont ils ont dételé les superbes coursiers : ils en ont pris la place et conduisent dans nos murs le héros triomphant. On lit ses exploits sur son front noble et majestueux. Vos troupes n'attendent plus que vos ordres, seigneur, pour aller recevoir le libérateur de la Provence.

MILON.

Il suffit, Olivier, je te suis sur la place d'armes ; mais Alexide s'approche ; ah ! je sens mon cœur palpiter à sa vue.

SCENE VI.
Les précédens, ANGILBERT, ALEXIDE.

MILON.

Angilbert, je vais au-devant de votre fils, restez auprès
de la princesse, préparez-là au sort brillant qui lui est réservé. Je lui ai déjà fait part de mes intentions. Dans un instant,
Alexide partagera ma puissance, et mes sujets verront dans
son élévation l'accomplissement de leurs vœux.

ALEXIDE.

Hélas ! (*Milon sort, suivi de Béroald et d'Olivier*).

SCENE VII.
ANGILBERT, ALEXIDE.

ANGILBERT.

Qu'ai-je entendu ! chère Alexide ! serait-ce là le motif de
l'entretien secret que vous me demandiez à l'instant même
où je volais au-devant de mon fils victorieux ?

ALEXIDE.

Ah ! vertueux Angilbert ! j'étais loin de m'attendre aux
malheurs dont je suis menacée, le retour de Réginald, de
l'ami de mon enfance comblait tons mes vœux ; et
lorsque privée de mes parens, j'espérais trouver en vous un
père chéri, en lui un époux adoré, cette flatteuse espérance
m'est tout-à-coup ravie. Ce matin le farouche Milon m'a
fait l'aveu de son amour, et je dois, m'a-t-il dit, me disposer à lui donner ma main.

ANGILBERT, *avec étonnement.*

Milon, votre époux !

ALEXIDE.

Plutôt mourir, que de trahir la foi qui m'engage à Réginald.

ANGILBERT.

O forfait ! le cruel prétend à la main de la nièce de Baudouin ! rassurez-vous, ma fille, jamais, non jamais un pareil
sacrifice ne s'accomplira ! Milon fut l'artisan de vos malheurs, c'est par son ordre barbare qu'Ormance tomba sous
les coups de ses assassins ; c'est lui qui fit périr dans les ri-
gueurs d'une longue captivité Hermanfred votre père. Et
après tant d'horreurs, l'infâme ose vous présenter une main
encore fumante du sang de votre illustre famille !

ALEXIDE.

Ah ! seigneur, quelles affreuses images vous venez de
retracer.

ANGILBERT.

Consolez-vous, Alexide, Baudouin sera vengé un jour,
et ce jour n'est pas loin peut-être ; les forfaits de Milon re-

tomberont sur sa tête coupable ; mais sur-tout ménagez sa férocité, appliquez-vous à éloigner tout soupçon ; s'il était instruit de votre amour, mon fils serait perdu ! un intérêt sacré va désormais guider mes démarches ! le parti que Milon a résolu de prendre, m'en impose la loi. (*Avec mistère.*) Je suis dépositaire d'un secret qui intéresse et l'état et l'armée : un mot, un seul mot peut perdre notre tiran, qu'il tremble le cruel ! et vous, Alexide, espérez et fiez-vous à ma prudence.

A L E X I D E.

Ah ! votre consolante voix a passé dans mon ame. Réginald ! je puis donc encore conserver l'espoir flatteur d'unir ma destinée à la tienne. (*Musique annonçant le cortège.*)

A N G I L B E R T

Il s'avance vers ces lieux, ma fille, sachez vous contraindre en présence de Milon.

SCENE VIII.

Les Précédens, MILON, REGINALD, BEROALD, O L I V I E R, Gardes, Suite.

(Milon entre avec sa suite, et va se placer sur son trône, des pelotons de soldats le suivent, au milieu d'eux Régnald est porté en triomphe sur un pavois, des trophées, des bannières brisées et les dépouille de l'ennemi précèdent sa marche ; il descend, serre Angilbert sur son cœur, tandis qu'on élève au-dessus de sa tête les branches de lauriers ; après avoir considéré Alexide avec transport, il s'avance vers Milon.)

M I L O N.

Intrépide guerrier, venez recevoir le témoignage flatteur de ma reconnaissance. Quels droits vous venez d'acquérir à l'amour de mes sujets ! Votre invincible bras a su en peu de tems disperser des miliers de soldats et garantir mes états des maux prêts à fondre sur eux. Jouissez du triomphe que vous ont mérité vos nobles exploits, et agréez l'hommage d'un peuple qui admire votre valeur.

R E G I N A L D.

J'avais promis de vaincre, seigneur, j'ai tenu ma parole, mais si quelques actions recommandables ont illustré mon nom, c'est aux leçons d'un père dont la sagesse m'a toujours guidé, que j'en dois tout l'éclat, oui, Angilbert, vous avez imprimé dans mon ame les sentimens sublimes qui m'ont ouvert le chemin de la gloire.

M I L O N.

Qui osera maintenant attaquer nos arméev ? désormais, Réginald, votre nom suffira pour faire trembler nos ennemis, tout en ce jour semble concourir à votre gloire. Voici l'heure à laquelle le jeune Renaud, baron de Castellane, doit venir en ces lieux me rendre foi et hommage devant ma cour rassemblée, il sera témoin de votre triomphe et partagera notre admiration ; jouissez de votre ouvrage et recevez tous nos vœux. Peuple, soldats, déposez aux pieds de ce héros, les signes de sa gloire ; approchez Alexide, venez présider à cette fête, quel heureux jour pour moi ; je veux aussi qu'il soit consacré à l'amour.

REGINALD, *à part.*

L'amour ! quel espoir flatteur ! mon père aurait-il obtenu l'aveu de Milon ?

ANGILBERT, *bas à Réginald.*

Contraignez-vous, mon fils, je saurai détourner le coup qui vous menace.

REGINALD.

Que dites-vous ?

MILON.

Oui, guerriers intrépides, j'ai choisi cette journée pour proclamer Alexide, comtesse de Provence.

(Milon et Béroald observent le mouvement des trois personnages que la chose intéresse.)

REGINALD.

Qu'ai-je entendu ?

ANGILBERT.

Silence, et reposez-vous sur moi.

MILON.

Peuple, soldats, voilà votre souveraine ! qui plus que cette jeune beauté est digne de partager ma puissance ? princesse, placez-vous près de moi, et recevez l'hommage de tous mes sujets.

(Béroald invite Alexide à venir se placer près de Milon, elle obéit en regardant Réginald avec émotion.)

ALEXIDE.

Quelle situation !

REGINALD.

Et je le souffrirais, ah ! mon père.

ANGILBERT.

Cet hymen ne s'accomplira pas.

REGINALD.

O ! fureur !

ANGILBERT.

Modérez-vous, il vous observe.

MILON.

Jeunes guerriers commencez vos jeux ; que tout le monde en ce jour soit heureux de la joie que l'amour et la gloire répandent dans ce palais.

REGINALD, *à part.*

Quel sort m'est réservé ! perfide Milon !

(Milon indique à Réginald l'estrade qui lui est destinée ! il y va prendre place ainsi qu'Angilbert, alors, Olivier s'approche à la tête des dan-seurs qui tiennent ainsi que lui des branches de lauriers.)

OLIVIER, *à Réginald.*

De même qu'Alexandre fut reçu avec pompe et magnificence dans les murs de la superbe Babylone, de même aussi Olivier, votre serviteur, veut en ce jour célébrer d'une manière éclatante, les exploits du plus grand des héros? le soleil en son cours. . . . .

MILON, *l'interrompant.*

Oliver, fais-nous grâce du reste, et donne le signal de la danse; ton éloquence nous est connue, et Réginald te dispensera sans peine de ta sublime harangue.

OLIVIER.

Vous y perdez, seigneur, car j'avais préparé un magnifique discours en style héroïque, quelles idées pompeuses! quelles riantes images; mais puisque vous préférez les frivolités, je vais vous satisfaire, et vous prouver que je suis aussi bon directeur des fêtes qu'excellent orateur. (*Il donne le signal de la danse.*)

BALLET.

(Fête militaire et galante, dans laquelle on présente à Réginald une couronne de lauriers. La fête est interrompue par l'arrivée d'Arnold.)

SCENE IX.

Les Précédens, ARNOLD.

MILON.

Que voulez-vous Arnold, quel trouble vous agite ?

ARNOLD.

D'après vos ordres, seigneur, j'étais allé au devant du baron de Castellane, lorsqu'étant arrivé sur les hauteurs qui dominent la ville, je vis une troupe nombreuse qui couvrait toute la plaine. Bientôt un hérault d'armes me remet cette lettre de la part de Renaud, la voici.

MILON, *à part.*

Voyons. (*Il lit.*) « Renaud, baron de Castellanne, à » Milon. » (*Avec étonnement*) A Milon! quel langage audacieux ! « Tu t'es trompé, Milon, si tu as cru » qu'un preux chevalier tel que Renaud, voulut imiter la » faiblesse de Conradin, en se déclarant ton vassal. Ne l'es- » père pas, chevalier déloyal; jamais je ne reconnaîtrai pour » mon seigneur l'assassin de la famille de Baudouin! Si tu » veux venger l'outrage que tu reçois de moi, accepte le » défi que je te fais, et viens combattre, en champ clos, ton » plus implacable ennemi, RENAUD. » (*Avec fureur*) Téméraire! quel excès d'arrogance! (*A part*) L'occasion me favorise, éloignons mon rival. (*A Réginald*) Réginald, le jeune baron de Castellanne, malgré le succès de nos armes, refuse de me rendre hommage; il fait plus, il m'outrage et vous brave ! Je vous confie, chevalier, le soin de ma ven-

geance. Qu'elle soit fatale au perfide Renaud ; qu'il périsse,
et que ses troupes épouvantées éprouvent le même sort que
celles que vous venez de vaincre.

RÉGINALD, *à part.*

O ciel! et c'est un traître que le sort me condamne à défendre !

ANGILBERT, *contenant Réginald.*

Mon fils, que l'amour de la patrie soit toujours votre guide.

RÉGINALD, *d'un air sombre.*

Je suis prêt, seigneur, de voler où le devoir m'appelle.

MILON.

Ne perdez pas de tems ; tandis que je vais tout disposer pour
la sûreté de la ville, recevez les embrassemens de votre père,
et dans un instant, préparez-vous à cueillir de nouveaux lauriers. Vous, Angilbert, je vous recommande les intérêts de
mon amour ; restez près de la princesse, et rendez-la favorable, à mes vœux les plus chers. (*Milon sort avec sa troupe
et Béroald.*)

SCENE X.

REGINALD, ANGILBERT, ALEXIDE.

REGINALD.

L'ai-je bien entendu, chère Alexide, des nœuds solemnels
vont vous unir à Milon !

ALEXIDE.

Cher Réginald, jamais, jamais.

ANGILBERT.

Rassurez-vous, mon fils, je saurai vous préserver du malheur qui vous menace ; marchez à la tête de vos guerriers,
vous aurez à combattre un chevalier qui, malgré sa jeunesse,
est renommé par son intrépidité. Sachez conserver la bienveillance de l'armée. . . Gardez-vous de croire, cependant,
que des vues ambitieuses puissent entrer dans mes projets.

SCENE XI.

Les Précédens. BEROALD *paraît dans le fond et écoute.*

ANGILBERT, *continuant.*

Non, l'honneur réglera toujours ma conduite. A votre retour, j'aurai à vous dévoiler un secret qui vous intéresse tous
deux.

RÉGINALD et ALEXIDE.

Un secret !

BEROALD, *au fond.*

Ecoutons.

ANGILBERT.

Je ne puis encore vous le révéler : en attendant ne précipitez rien ; ne suivez que les conseils dictés par la prudence.

espérez, Réginald, espérez ; vous avez plus de droits qu'on ne pense à l'amour des Provençaux.

BEROALD *à part.*

Quel mystère !

ANGILBERT.

Partez à la tête de vos braves, et comptez sur mes efforts à ramener le calme dans votre âme.

REGINALD.

Je vous quitte, mon père, sans chercher à pénétrer ce secret si important ; je suivrai sans peine la conduite que vous me prescrivez. Adieu, mon père ! belle Alexide ! je vais m'éloigner de vous ; mais votre image chérie me suivra jusques dans les combats.

ALEXIDE.

Réginald, prenez soin de vos jours, revenez bientôt près de celle qui vous consacre sa vie entière, sur-tout croyez que nulle puissance ne saurait vous effacer de son cœur. (*Réginald baise la main d'Alexide et se dispose à sortir*).

BEROALD *à part.*

Ils s'aiment, j'en étais sûr. (*s'avançant et s'adressant à Réginald*). Noble chevalier, les troupes rassemblées vous attendent ; elles font retentir les airs du bruit de votre nom : leur impatience est extrême, et votre présence va redoubler leur ardeur guerrière.

REGINALD.

Je vole où la gloire m'appelle. (*Réginald tire son épée ; Angilbert le presse sur son cœur, il jette un dernier regard à Alexide, et sort*).

SCENE XII.

ANGILBERT, ALEXIDE.

ALEXIDE.

Il est parti, mon père, et me voilà de nouveau dans l'inquiétude de la douleur !

ANGILBERT.

Banissez de votre esprit toute idée funeste. Vous reverrez mon fils, vous le reverrez convert de gloire ; fiez-vous à mon expérience. Il se prépare de grands événemens, et peut-être en ce jour. . . . . Mais quelqu'un vient ; c'est Milon, retirons-nous. Je ne puis supporter son aspect odieux.

(*ils sortent par la droite, Milon entre du côté opposé*).

SCENE XIII.

MILON, BEROALD, RANULPHE, Gardes.

MILON.

Que viens-tu de m'apprendre, Béroald ? il est donc vrai, Réginald est aimé d'Alexide !

BÉROALD.

Je vous l'avais dit, seigneur, et mes doutes sont enfin éclaircis : je les ai surpris au moment où ils se juraient un amour éternel. Le perfide Angilbert soutenait leur espoir, et ranimait leurs esprits abattus.

MILON.

Mais quel est donc ce secret !

BÉROALD.

Je n'ai pu le pénétrer, Angilbert leur en fait un mystère.

MILON.

Les perfides ! Réginald, tu payeras cher la préférence qu'Alexide t'accordu sur moi, odieux rival ! Tu périras ! Ranulphe, faites venir Angilbert, qu'il apprenne qu'on ne m'offense pas impunément. (*Ranulphe sort*).

SCÈNE XIV.

Les Précédens, excepté RANULPHE.

BÉROALD.

N'épargnez pas ce traitre, seigneur.

MILON.

Perfide beauté, quand je veux t'élever au rang suprême, tu me préfère un simple chevalier qui tient son rang et sa fortune de ma générosité. Je saurai, Béroald, punir un tel outrage : je vais à l'instant m'assurer de mon rival, et prendre moi-même le commandement de l'armée.

BÉROALD.

Gardez-vous, seigneur ; d'attenter à la liberté de Réginald, en présence de vos soldats ; donnez lui plutôt l'ordre de se rendre en ces lieux, sous un prétexte quelconque, et confiez-moi le soin de servir votre ressentiment.

MILON.

Quoi ? je ménagerais un rival abhorré ? Non, je te charge du gouvernement de la ville, tu mettras tous tes soins à cacher à Alexide le sort d'Angilbert et celui de son fils. Je reviendrai bientôt victorieux : et c'est alors que cette beauté rebelle recevra ma loi, mais Angilbert s'avance ; sa vue redouble encore ma fureur.

SCENE XV.

Les Mêmes, ANGILBERT, RANULPHE, Gardes.

ANGILBERT.

Vous m'avez fait mander, seigneur, que voulez-vous de moi ?

MILON.

Me venger ! Depuis long-tems, perfide, ta haine m'est connue. J'aurais pu endurer encore tes insolans mépris ;

mais l'amour de ton fils pour Alexide a dicté l'arrêt de ta mort.

ANGILBERT *à part.*

Nous sommes perdus!

MILON.

Réponds, traître! Qu'entends-tu par ces droits prétendus de ton fils à l'amour à l'amour de la Provence ?

ANGILBERT.

Avez-vous oublié, seigneur, les services que son bras a rendus à l'état ?

MILON.

Et quel est donc cet important secret?

ANGILBERT.

Que voulez-vous dire ? seigneur ?

MILON.

Traître! cesse de feindre, tu as été entendu; tes perfidies sont dévoilées. Encore une fois, quel est ce secret ?

ANGILBERT *avec fermeté.*

Il ne m'appartient pas.

MILON.

Tu en dois compte à ton maître.

ANGILBERT.

Milon, je connais mes devoirs envers mon souverain.

MILON.

Réponds, te dis-je, ou les plus affreux supplices vont t'arracher l'aveu de tes trames criminelles.

ANGILBERT.

Dispose de ma vie, tu en es le maître, mais tu ne sauras rien.

MILON.

Ambitieux! J'ai pénétré tes perfides desseins ; en secondant Réginald, tu voulais attenter à mon autorité ; mais tes projets vont échouer ; et dans une heure, ton fils aura vécu. Gardes! qu'on le charge de fers, et qu'il soit plongé dans un cachot. ANGILBERT.

Va, tiran exécrable! nous saurons mourir avec courage, mais le ciel enfin, lassé de tes forfaits ; anéantira bientôt ton infâme puissance. (*On s'empare d'Angilbert, et Milon ordonne qu'on l'entraîne.*)

Fin du premier Acte.

ACTE II.

Le Théâtre représente la cour d'une ferme, fermée au fond par une palissade à hauteur d'appui, au-delà des montagnes. A gauche de l'acteur, l'entrée de la maison de Marcel, des tables, des chaises, un tonneau, etc.

SCENE PREMIERE.

BERTRUDE, MARCEL, *arrivant du dehors.*

BERTRUDE.

Ah! bon dieu! Marcel, qu'allons-nous donc devenir? la plaine est couverte de soldats du baron de Castellanne, qui vient de déclarer la guerre à Milon ; not' filleux, Bertholin, ne r'vient pas! d'puis quatre jours qu'il est allé à Fréjus, pour y vendre nos grains, il d'vrait être déjà de retour, j'tremblons qui ne lui soit arrivé queuque accident.

MARCEL.

Ne crains rien, Bertrude ; tu sais combien ce pauvre garçon est poltron : au lieu de venir par la grande route, il aura pris le chemin de la forêt, qui est beaucoup plus long, afin d'éviter les troupes de Renaud.

BERTRUDE.

Tu me rassures, Marcel ; mais quel est donc le motif de c'te nouvelle guerre?

MARCEL.

Le baron de Castellanne refuse de rendre foi et hommage à Milon ; mais l'intrépide Réginald va dompter sa fierté.

BERTRUDE.

C'est bien : mais j'sommes fâché qu'Réginald s'batte pour c'Milon. On dit qu'c'est un si méchant homme.

MARCEL.

C'est vrai ; mais Réginald fait son devoir ; eh ! ne doit-il pas conserver les états de Baudouin dans toute leur intégrité et leurs privilèges?

BERTRUDE.

On a donc toujours l'espoir de r'voir c'bon prince?

MARCEL.

Oui, tant que la nouvelle de sa mort ne sera point confirmée.

BERTRUDE.

Tu m'as dit, j'crois, qu'il était prisonnier chez les... les...

MARCEL.

Sarrasins. Hélas ! oui.

BERTRUDE.

C'malheureux Baudouin, combien il a dû souffrir dans sa captivité !

MARCEL.

Ah ! que je voudrais le revoir ! avec quel plaisir j'exposerais ma vie pour lui !

BERTRUDE.

Que j'aime à t'entendre raconter ses exploits ! montre-moi donc encore c'te médaille où est gravé son portrait, et que tu portes toujours sur toi.

MARCEL, *montrant une médaille suspendue à son cou.*

Regarde, ma femme, et admire ses traits majestueux. C'est de lui-même que je reçus ce présent, lorsque je combattais sous ses ordres. Ce souvenir me fait encore verser des larmes. Infortuné Baudouin, aurais-je pu penser à cette époque de votre gloire, que vous étiez destiné à tant de malheurs.

BERTRUDE.

Et il t'a donné cette médaille pour un peu d'eau ?

MARCEL.

Oui, pour l'action la plus simple. Il y a vingt ans, Baudouin allait combattre le cruel Euguerrand, comte de Forcalquier, qui était venu ravager ses états. Nous étions alors dans les plus grandes chaleurs ; l'armée, après une marche forcée, se trouvait dans une plaine aride, près de Sisteron, les provisions de toute espèce étaient entièrement épuisées : Baudouin lui-même éprouvait la soif la plus ardente, j'étais le seul dans l'armée qui possédât une outre pleine d'eau ; je m'empressai de l'offrir à mon souverain, qui, voulant récompenser mon zèle, m'offrit de l'or, que je refusai : Baudouin, sensible à mon désintéressement me donna cette précieuse médaille, qui ne me quittera qu'avec la vie.

BERTRUDE.

J'entends, je crois, le bruit d'une voiture ; serait-ce celle de Bertholin !

MARCEL.

Oui, c'est lui, il s'arrête à l'entrée de la cour : il soutient un vieillard qui descend de la cariole ; je vais l'aider. (*Il sort*).

SCENE II.

BERTRUDE, *seule.*

Enfin, j'allons revoir not' filleux !... quelle inquiétude il m'a causée ! quoiqu' c'pauvre garçon soit un peu simple, j'l'aimons de tout not' cœur... Le voici, quel est donc c'vieillard ? O mon dieu ! c'est un pauvre aveugle ! Bertholin aura eu pitié de lui ; à ce trait, je reconnais son bon naturel.

SCENE III.

BERTRUDE, BAUDOUIN, MARCEL, BERTHOLIN.

MARCEL, *soutenant Baudouin.*

Appuyez-vous sur moi, brave homme.

BAUDOUIN.

Que de bontés !

BERTHOLIN.

Bon jour, ma chère maraine : ah ! qu' j'sommes content d'vous r'voir ! j'ons cru que j'n'parviendrions jamais à gagner la maison. Qu'eu bruit ! qu'eu tintamare ! sur c'te route ! des soldats par ci, des trompettes par là... Depuis hier j'sommes en route, et j'ons fait quatre grandes lieues d'plus, pour éviter l'gros de l'armée. Enfin, j'vous apportons l'essentiel ; c'est-à-dire, l'argent d'la vente d'vos grains ; j'ons pris aussi sur nous d'vous amener c'pauvre aveugle, qui n'y voit goute ; il arrive d'la terre Sainte, oùs qu'il est resté dix-sept ans dans la captivité, j'l'ons trouvé hier étendu sur l'rivage ; et, livré au désespoir, il venait de débarquer et avait appris la mort de tous les siens, à ce qu'i dit ; sa douleur m'a fendu l'cœur, et j'lui ons offert mes services, j'l'ons pris sur not'voiture, et j'n'ons pas balancé à l'amener ici, sachant combien l'père Marcel aime les anciens soldats. Ayez ben soin d'lui, il n'a encore accepté aucune nourriture.

BAUDOUIN.

Je n'oublierai jamais, bon jeune homme, le service important que vous venez de me rendre.

BERTHOLIN.

Allons, bon vieillard, asseyez-vous dans ce fauteuil, tandis qu' j'allons rend' compte d' not' vente à ma maraine. Dans un instant j'vous apporterons queuque rafraîchissemens.

BERTRUDE.

J'te remercie, mon garçon, d'm'avoir amené c'pauvre homme : j'aimons qu'on nous procure l'occasion d'adoucir les peines des malheureux ; allons, viens.

SCENE IV.

BAUDOUIN, MARCEL.

MARCEL.

Vous paraissez avoir bien souffert, digne vieillard, êtes-vous encore éloigné de votre pays ?

BAUDOUIN.

Je suis de la ville prochaine.

MARCEL.

Si vous êtes d'Arles, vous devez avoir connu dans la Palestine, Baudouin, notre illustre souverain, que nous ne cessons de regretter. Est-il vrai qu'il a survécu à ses malheurs ?

BAUDOUIN.

Il respire ; mais son sort est affreux : accablé sous le poids d'une longue captivité, l'espoir d'être un jour rendu à sa famille soutenait encore son courage. Mais hélas ! quelle sera sa douleur lorsqu'il apprendra que son epouse, son fils, ont été les premières victimes des fureurs de Milon.

MARCEL.

Souvenir douloureux !

BAUDOUIN.

Mais, dites-moi, brave homme, qu'est devenue la jeune Alexide, la fille infortunée du malheureux Hermanfred ?

MARCEL.

Angilbert a pris soin de son enfance.

BAUDOUIN.

Angilbert ! ce digne ami est donc resté a la cour de Milon.

MARCEL.

Il est maire du palais.

BAUDOUIN.

Angilbert, maire du palais !

MARCEL.

Je ne l'ai jamais vu, je ne le connais pas ; mais partout on vante ses vertus, il est le père du chevalier Réginald, le libérateur de la Provence.

BAUDOUIN.

Quel est ce Réginald ?

MARCEL.

Un héros dont la valeur a été constamment fatale à nos ennemis ; c'est lui qui commande l'armée.

BAUDOUIN, *à lui-même*.

Angilbert et son fils servent la cause de Milon ! ils ont abandonné celle de leur souverain ! dieu ! quelle affreuse nouvelle ! ah ! s'il était instruit de mon retour ! .. Oui, j'y suis décidé, je veux me présenter à lui.

MARCEL.

Que dis cet infortuné ? quel trouble agite ses sens !

BAUDOUIN.

Homme sensible et généreux ! si les malheurs d'un vieux soldat peuvent attendrir votre ame, au nom du dieu pour qui j'ai tant souffert, ne m'abandonnez pas ! votre attachement pour Baudouin excite toute ma confiance. Je veux aller trouver en secret, le seigneur Angilbert, et lui donner des nouvelles de cet infortuné, daignez guider mes pas vers lui.

M A R C E L.

Dans l'instant vos désirs seront remplis , mais quel intérêt
si puissant vous porte à faire cette démarche ?

B A U D O U I N.

Hélas ! l'intérêt le plus grand !

M A R C E L, *fixant Baudouin et à part.*

Mais. . . grand dieu ! quel son de voix ! quels traits ! o ciel !..
me trompé-je ?

B A U D O U I N.

Qu'avez-vous ?

M A R C E L.

Serait-ce une illusion. (*il atteint vivement sa médaille et
l'examine.*)   **B A U D O U I N.**

Pourquoi ces mots entrecoupés.

M A R C E L.

O surprise ! oui. . . c'est lui !

B A U D O U I N.

Qu'entends-je ?

M A R C E L,

Plus de doute. . . voilà ce front jadis ceint de lauriers. . .
oui , tout me dit que vous êtes cet illustre Baudouin , l'objet de nos regrets.

B A U D O U I N.

O ciel !

M A R C E L.

Ah ! souffrez , mon maître , souffrez qu'un serviteur fidèle
embrasse vos genoux. (*Il tombe à ses pieds.*)

B A U D O U I N, *se levant.*

Chût , silence ! sommes-nous seuls !

M A R C E L, *avec la plus grande chaleur.*

Ne craignez rien , je perdrais plutôt la vie que d'exposer
vos jours. O mon souverain ! dans quel état , grand dieu ! le
sort vous a réduit !

B A U D O U I N.

Relève-toi , brave homme.

M A R C E L, *se relevant.*

Fiez-vous-en au vieux Marcel , un de vos anciens soldats,
qui jadis marcha sous votre bannière et qui conserve encore
un présent qu'il tient de votre générosité. Il vous souvient ,
sans doute , qu'un jour , dans les plaines de Sisteron , vous
étiez ainsi que vos hommes d'armes , en proie à une soif dé-
vorante , lorsqu'un soldat vint vous offrir sa provision d'eau.

B A U D O U I N.

Oui , et je me rappelle aussi que ce brave , ayant refusé
l'or que je lui offrais pour ce service , je récompensai sa générosité par le don d'une médaille.

M A R C E L, *la lui faisant toucher.*

La voici , cette précieuse médaille ; elle est là , là , sur mon cœur, elle ne me quittera jamais. Ce soldat c'est Marcel, il est devant vous, et vous consacre son existence.

B A U D O U I N, ému.

C'est toi, digne homme, hélas ! combien mon sort est déplorable, cruel Soudan ! pourquoi m'as-tu privé de la lumière ? que ne puis-je contempler à loisir ce fidèle sujet, dont l'attachement me pénètre ! mais quel heureux présage pour moi, si tout mon peuple partage son amour !

M A R C E L.

N'en doutez-pas, mon prince ; tous les cœurs sont à vous.

B A U D O U I N.

O mon ami ! garde-toi de publier mon retour ! j'exige même que ta famille ignore qui je suis.

M A R C E L.

Je vous le jure.

B A U D O U I N.

Mes vœux, dans cet instant, se bornent à embrasser Angilbert.

M A R C E L.

Comptez sur mon entier dévouement. Je guiderai vos pas vers le palais ; Olivier, mon neveu, y occupe un emploi : il nous introduire près du maire. Mais voici Bertholin et ma femme.

S C E N E   V.

Les Précédens, BERTRUDE, BERTHOLIN.

(Bertholin porte une cruche et des verres, Bertrude des fruits et du pain dont elle garnit la table.)

B E R T H O L I N.

Vous m'excuserez, père Marcel, d'avoir été si long-tems ; mais j'ons cru qu'j'n'en finirions pas avec nos comptes.

M A R C E L, vivement.

C'est bon, c'est bon. .. donne, je veux avoir l'honneur de servir ce vieillard.

B E R T H O L I R, étonné.

L'honneur ! .. Ah ! laissez donc parain, laissez donc, est-ce que vous avez l'habitude d'vous occuper d'ces choses là ? (à Baudouin.) Asseyez-vous, bon aveugle.

M A R C E L, arrachant la cruche des mains de Bertholin.

Donne, te dis-je, et laisse-nous.

B E R T H O L I N.

Eh bien ! eh bien ! quoiqu'vous avez donc ? comme vous êtes brusque aujourd'hui !

M A R C E L.

Quelle est cette boisson ? (Il rend la cruche à Bertholin qui va la porter sur une table à sa gauche.) Allons, Bertrude, va me chercher du vin du caveau, à gauche, entends-tu?

(23)

BERTRUDE, *étonnée.*

Comment !

MARCEL.

Oui, oui, de celui que je réserve si précieusement, vîte. . .
va donc.

BERTRUDE.

Mais, tu n'y penses pas.

MARCEL.

Allons donc, obéis, Bertrude, je ie veux.

BERTRUDE, *à part.*

Pour c'pauvre aveugle ! qu'est-ce qu'çà signifie. (*elle rentre.*)

BERTRUDE.

Est-ce qu'il est fou, mon parrain ?

MARCEL, *à Baudouin avec respect.*

Auguste victime du sort ! aprés tant de fatigue, daignes
prendre quelque nourriture.

BERTHOLIN, *approchant une chaise.*

Oui, bon homme, j'allons vous tenir compagnie.

MARCEL, *retirant la chaise.*

Je te le défends, retire-toi.

BERTHOLIN.

Mais, j'enrageons la faim, moi !

BAUDOUIN.

Mais amis, profitez anssi de ce repas ; je n'en aurai de ma
vie, fait un plus agréable.

MARCEL.

Quel excès d'honneur pour moi.

BERTHOLIN.

Jarni ! je n'y tenons plus. . . l'honneur de régaler ce vieux
soldat, il perd la tête aujourd'hui, le père Marcel. En vérité,
j'croyons qu'il est un peu timbré.

RETRUDE, *apportant du vin.*

Tiens, not' homme, v'là ce que tu nous demandes?

MARCEL.

C'est bon ; mais n'as-tu pas quelque chose de mieux que
ces fruits ? vois. . . cherche.

BERTRUDE.

Pardine, ne faudra-t-il pas entamer l'pâté destiné pour
not' neveu Olivier qui doit venir incessamment.

MARCEL, *avec joie.*

Un paté ! bon, bon, donne vîte.

BERTHOLIN.

Oui, ma maraine, donnez, donnez l'paté. (*à part.*) Comme
j'allons nous empâter.

BERTRUDE.

Allons, vous serez satisfait. (*Elle rentre.*)

MARCEL, *à Baudouin.*

Buvez.

B A U D O U I N.

Braves gens, je vous remercie.

B E R T H O L I N.

Mais que vois-je ? des soldats !

M A R C E L.

Des soldats !

B A U D O U I N, *à Marcel.*

Grands dieux ! s'ils allaient me reconnaître !

M A R c E L.

Ne craignez rien, mon prince, il a fallu mon cœur, pour vous deviner sous ces livrées de la misère.

B E R T H O L I N.

Ah ! bon dieu ! j'sommes perdus ! çà m'ôte l'appetit.

M A R C E L.

Poltron ! que veux-tu qu'ils te fassent, ce sont des hommes comme les autres.

B E R T H O L I N.

Çà se peut bien. . . mais queu guignon ! c'détachement s'dirige vers not' farme. (*à Bertrude qui entre avec le pâté.*) V'la des soldats, ma maraine, emportez le pâté. (*Bertrude rentre, et reparait un instant après.*)

S C E N E V I.

Les Précédens, **T H I E R R Y**, Soldats.

T H I E R R Y, *à Bertholin au fond.*

Eh ! l'ami ?

B E R T H O L I N.

Venez leux répondre, mon parain ; car c'vilain barbichon avec ces grands yeux uoirs m'fait une peur horrible.

M A R C E L, *aux soldats.*

Approchez, mes camarades.

T H I E R R Y.

Disposez-vous, brave homme, à recevoir le chevalier Réginald.

B A U D O U I N *à part.*

Le fils d'Angilbert !

T H I E R R Y.

Cette ferme, située près du camp, est destinée au quartier général qui va s'y établir. Ainsi ayez soin de préparer les choses nécessaires pour transmettre les ordres de notre général ; que cette table soit garnie de papier, d'encre, de cire etc, je vous préviens aussi que vous aurez à loger quelques hommes d'armes de la suite de sir Réginald.

M A R C E L.

J'en suis ravi, mon officier.

B E R T H O L I N (*à part.*).

Et non pas moi.

(25)

M A R C E L.

Allons, allons, Bertrude, va tout disposer pour recevoir ces braves, en attendant, mes amis, videz ce flacon à la santé du héros de la Provence, de l'intrépide Réginald.

T H I E R R Y.

De tout notre cœur.

B E R T H O L I N *versant à Baudouin.*

Tenez, bon vieux, buvez aussi.

T H I E R R Y.

Morbleu ! monsieur le fermier vous avez l'air d'un bon vivant ! je suis sûr que vous avez servi.

M A R C E L.

Trente ans, seulement, j'ai fait ma première campagne sous sir Baudouin.

T H I E R R Y.

J'ai fait de même mes premières armes sous ce grand-homme. Ah ! combien nous chérissons sa mémoire ! Que de changemens opérerait son retour ! mais, hélas ! la mort impitoyable a sans doute terminé sa glorieuse carrière.

B A U D O U I N *à part.*

Je sens mon cœur ému.

M A R C E L.

Non, mes amis, Baudouin respire.

T H I E R R Y.

Serait-il vrai ? Dieu nous aurait conservé notre bon père ! Allons, buvons aussi à la santé du bienfaiteur de la Provence ; (*on verse*), puisse le ciel, le rendre enfin à nos regrets.

Tout le monde.

Vive Baudouin !

B A U D O U I N *transporté.*

O mes amis !

T H I E R R Y.

Quel est ce vieillard aveugle ?

M A R C E L.

C'est un vieux soldat qui ayant partagé la captivité de Baudouin, vient de nous apprendre son existence.

T H I E R R Y *à Baudouin.*

Ah ! brave homme ! quelle heureuse nouvelle ! allons, trinquons ensemble.

Premier Soldat.

A sa santé.

Deuxième soldat.

A son prochain retour.

Troisième soldat.

A la fin de ses malheurs.

T H I E R R Y.

Et vous, bon vieillard ?

BAUDOUIN.

Mes amis, Je ne vous vois pas, mais je vous entends, ...
à la fin de ses malheurs !

MARCEL.

Oui , et puisse le ciel les terminer bientôt.

(*Les soldats sont groupés près de Baudouin , on boit*).

THIERRY.

Dans peu, le camp sera instruit de cette heureuse nouvelle,
mais Réginald s'avance, camarades , aux armes !

MARCEL.

Venez , ô mon digne maître.

SCENE VII.

Les Précédens, REGINALD.

THIERRY.

Général , tout est disposé comme vous l'avez ordonné.

REGINALD.

C'est bien , mon cher Thierry, dans un instant j'irai reconnaître la position de l'ennemi. Vous m'accompagnerez
avec vos hommes d'armes , qu'on me laisse seul. (*Tout le
monde remonte la scène , Marcel va pour conduire Baudouin
à l'écart , Réginald l'apperçoit et l'arréte*). Quel est ce
vieillard privé de la lumière ? ses traits sont vénérables.

MARCEL.

Seigneur, c'est un infortuné arrivant de la Palestine , où
il a éprouvé le même sort que sir Baudouin , dont il an-
nonce la prochaine arrivée.

REGINALD.

Que dites-vous ? le comte de Provence existe ! ah ! mon
père, quels seront tes transports en apprenant ce retour
tant desiré.

MARCEL *à Baudouin.*

Que ne vous nommez-vous, seigneur ?

BAUDOUIN.

Non , je ne le puis, c'est à son père seul, que je dois me
faire connaître.

REGINALD.

Et comment a-t-il obtenu sa liberté ?

BAUDOUIN.

Par la générosité du grand Saladin, qui loin d'imiter la
cruauté de son prédécesseur, a voulu signaler son avénement
au trône par la liberté de tous les captifs , et les a renvoyés
sans rançon dans leur patrie.

REGINALD.

Dans quels lieux avez-vous laissé ce prince infortuné ?

BAUDOUIN.

Au port d'Alexandrie où après avoir essuyé une maladie
cruelle , il se disposait à revenir dans ses états.

R E G I N A L D *à Marcel.*
Retirez-vous, je veux entretenir ce bon vieillard.
B A U D O U I N.
Ah ! ne me privez pas de ce guide fidèle. C'est lui qui, le premier, a calmé mes souffrances.
R E G I N A L D
Qu'il reste.
B A U D O U I N.
Oui, brave Marcel ; ne nous quittons jamais.
M A R C E L.
Jamais.
R E G I N A L D
Bon vieillard! dans l'état de misère où le sort vous a réduit, vous trouverez près d'Angilbert, mon père, les secours que votre situation réclame. Rendez-vous près de lui, en lui annonçant cette heureuse nouvelle, vous comblerez ses vœux les plus chers. Partez à l'instant même, je vais vous donner une escorte, pour vous conduire jusques dans le palais. **B A U D O U I N.**
Vous prévenez mes desirs, noble chevalier ; j'avais formé le dessein de me présenter au seigneur Angilbert que j'ai connu jadis ; mais c'est dans le plus grand secret que je dois l'entretenir. L'escorte que vous me proposez fixerait l'attention de Milon, souffrez donc, je vous prie, que je n'aye d'autre guide que ce brave homme, qui déjà s'est offert de m'y conduire.
R E G I N A L D.
J'y consens : mais comme le palais est d'un accès difficile aux étrangers, je vais vous remettre pour mon père, une lettre qui lèvera tout obstacle. (*Il va s'asseoir à la table qui a été préparée pendant cette scène, et écrit*).
M A R C E L *à Baudouin.*
Le ciel nous favorise, (*appellant*) Bertrude, Bertholin.

S C E N E   V I I I.
Les Précédens, BERTRUDE, BERTHOLIN.
B E R T H O L I N.
Nous v'là parain, nous v'là.
B E R T R U D E.
Quoiqu'tu veux l'homme ?
M A R C E L.
Apprête la cariole.
B E R T H O L I N.
Tiens, pourquoi donc ?
M A R C E L.
Que t'importe ? dépêche toi.
B E R T H O L I N
Pardine, tout est disposé, puisqu'j'nons pas encore dételé

not' jument. (*A part*) En vérité, c'taveugle lui fera tourner la tête.

BERTRUDE

Mais, où vas-tu, mon ami ?

MARCEL

A la ville, y conduire not' ~~aveugle.~~

BERTRUDE

Tu reviendras bientôt.

MARCEL

Sois sans inquiétude. — Bertholin, je te recommande de veiller à la maison.

REGINALD, *donnant la lettre qu'il vient d'écrire.*

A votre arrivée, vous présenterez cette lettre à l'officier du palais.

BAUDOUIN, *à part.*

Ah ! fidèle Angilbert, ton fils est digne de toi.

MARCEL

Mais que vois-je ? mon neveu.

BERTRUDE

Qui ? Olivier.

REGINALD

Olivier ! par quel hazard ?...

MARCEL

Point d'inquietude, seigneur, c'est notre neveu.

SCENE IX.

Les Précédens, OLIVIER.

BERTRUDE

Ah ! queu joie de te revoir.

OLIVIER

Bon jour, mon oncle, ma tante, et toi, Bertholin, bon jour ; mais, permettez, dans un instant je pourrai partager vos transports.

REGINALD

Qui t'amène en ces lieux ?

OLIVIER

Seigneur, j'ai suivi Milon.

REGINALD

Il est au camp ?

OLIVIER

Oui, chevalier.

BAUDOUIN, *à Marcel.*

Milon près de ces lieux !... Ah ! Marcel !

MARCEL

Evitons sa présence.

OLIVIER

A son départ de la ville, ses yeux étaient enflammés de

colère , et sa fureur a redoublé aux cris d'allégresse qui viennent de se faire entendre parmi vos soldats.

REGINALD

Que veux-tu dire ?

OLIVIER

On répand le bruit que Baudouin existe , et c'est cette nouvelle inattendue qui vient d'exciter la joie de nos vieux guerriers. La présence de Milon n'a pu contenir leurs transports. Il vous cherche , et bientôt vous le verrez paraître.

MARCEL , *à Baudouin.*

Vous l'entendez , ò mon maître , Mais de la prudence : éloignons-nous à l'instant.

REGINALD

Il suffit , Olivier. (*A Marcel*) L'occasion vous favorise : l'absence de Milon vous laissera un libre accès au palais, hâtez-vous, digne homme , de conduire ce vieillard près de mon père.

BAUDOUIN

Viens , Marcel , sortons au plutôt. (*A Reginald*) Adieu, seigneur , le souvenir de votre générosité est gravé pour jamais dans mon cœur.

REGINALD

Partez, partez, mes amis ; moi, je vais au-devant de Milon : soldats, suivez-moi. (*Marcel et Baudouin sortent d'un côté , Bertholin les suit ; Réginald part à la tête de ses soldats.*)

SCENE X.

BERTRUDE, OLIVIER.

OLIVIER.

Ma chère tante , je vous revois, quel plaisir pour mon cœur.

BERTRUDE.

Et moi donc, mon ami , et moi !

OLIVIER

Mais qu'est-ce que mon oncle va donc faire à la ville.

BERTRUDE

J' n'en savons rien ; il conduit c'pauvre malheureux , qui arrive d'ben loin , et qui nous a donné des nouvelles de sir Baudouin.

OLIVIER.

Serait-il vrai? Ah ! que le ciel vous entende. Mais Bertholin revient.

SCENE XI.

Les Précédens, BERTHOLIN.

BERTRUDE

Eh ! bien , mon garçon , sont-ils partis ?

BERTHOLIN

Oui, oui, ils sont embarqués dans la cariole , et les v'là

qui filent sur le chemin d'Arles. Mais queu rapport le père Marcel a-t-il donc avec c't'aveugle ?

BERTRUDE

Çà ne te regarde pas.

BERTHOLIN

Bah ! c'est moi qui l'avons amené ici ; mais n'importe, j'somme dédommagé de son absence par l'arrivée de ce cher Olivier.

OLIVIER

Je te remercie, mon ami.

BERTRUDE

Mais dis-moi, Olivier, puisque le comte Milon prend le commandement de l'armée, tu va donc combattre aussi ?

OLIVIER

Je ferai comme les autres, ma tante : danser, rire, boire, faire l'amour et se battre, voilà ma devise.

BERTHOLIN

C'est comme moi : manger, boire, dormir et vivre en paix, voilà mon fort, mais je ne me bats pas.

OLIVIER

Ah ! tu ne te bats pas.

BERTHOLIN

Non, non, pas si bête.

OLIVIER

Tu en vivras plus long tems.

BERTHOLIN

J'y compte.

BERTRUDE

Grace à ta belle humeur, mon neveu, te voilà parvenu, et je t'en félicite.

BERTHOLIN

A-propos de çà, Olivier, te rappelles-tu c'te promesse que tu m'as faite que quand j'me serais formé, tu m'f'rais avoir un emploi à la cour ? C'est que j'sommes joliment dégoisé à présent : demande à ma maraine.

BERTRUDE

Oui, il est plus gauche que jamais.

BERTHOLIN

Ah ! vous vous y connaissez, à ce qu'il paraît. N't'en rapporte pas à ta tante, Olivier.

BERTRUDE

Insolent !

BERTHOLIN

Il n'y a pas d'insolence la-dedans, ma maraine ; si j'n'avions pas un p'tit brin de mérite, est-ce que j'ferions tourner la tête à toutes nos jeunes filles ? Interrogez plutôt Mlle. Brigitte, Mlle. Radegonde, Mlle. Berthe, Mlle. Isgarde, Mlle. Clotilde, et sur-tout c't'elle-là qu'a fisqué mon cœur, Mlle. Gildefride la grosse joufflue, demandez-leux si j'sommes si gauche.

OLIVIER

Eh ! b'en, mon garçon, je m'employerai pour toi ; mais je ne puis tout de suite t'é.ever à un poste éminent.

BERTHOLIN

Oh ! je ne te d'mandons pas à être sitôt un seigneur tout fin biau comm'toi ; j'nons pas d'ambition, et j'me contente-rions d'une condition pu basse, pourvu qu'ce soit à la cour.

OLIVIER, *souriant.*

Oui, à la basse-cour, n'est-ce pas ?

BERTHOLIN

A la basse-cour ! . . . Eh ! ben, oui, à la basse, à la haute, çà m'est égal, pourvu qu'j'fassions fortune.

OLIVIER

Nous parlerons de cela, mon ami, lorsque la paix sera faite.

BERTHOLIN

La paix ! la paix ! Pardine, et Renaud avait ben'affaire aussi d'r'fuser à Milon de rendre. . . comment appelle-t-on çà . . . de rendre . . .

OLIVIER

Foi et hommage.

BERTRUDE

Qu'est-ce que cela signifie, foi et hommage ?

BERTHOLIN, *riant.*

Comment, maraine, vous ne savez pas quoiqu'çà veut dire, foi et hommage ? A votre âge ! Vraiment, vous n'l' savez pas ?

BERTRUDE

Eh ! non, je ne le sais pas. Est-ce que tu le sais, toi ?

BERTHOLIN

Non, j'n'le sais pas non plus ; mais quand j'aurai votre âge. . .

BERTRUDE

Imbécile !

OLIVIER

Je vais vous l'apprendre ; mais voici Milon ; Réginald l'ac-compagne, si l'on vous ordonne de vous retirer, ne vous le faites pas dire deux fois : je ne tarderai pas à vous rejoindre.

SCENE XII.

Les Précédens, MILON, REGINALD, Gardes.

MILON.

Expliquez - moi, Réginald, ce que signifient les transports de vos soldats ? On dit que Baudouin est en ce moment à Alexandrie, et qu'il se dispose à reparaître en ces lieux. Malheur ! Malheur à lui ! Il y trouverait la mort.

REGINALD.

Le calme régnait encore, lorsque j'étais au camp, et ma surprise seigneur est égale à la vôtre.

MILON.

Les téméraires ! Ils ont osé manifester hautement leur attachement pour mon ennemi, et je le souffrirais ! Non, je saurais réprimer leur audace. . . . . . Si les services que vous n'avez cessé de me rendre, chevalier, ne me garantissaient votre fidélité, je pourrais soupçonner que vous autorisez ces excès.

REGINALD *avec fierté.*

Le soupçon ne peut atteindre un soldat tel que moi.

MILON, *avec ironie.*

Mais je vous rends justice : je connais votre dévouement à ma personne ; je ne puis douter non plus que votre père ne me serve avec la même fidélité, mais malgré les services que votre bras pourrait me rendre encore, l'outrage que j'ai reçu de Renaud, est trop sanglant pour que je puisse, sans compromettre ma gloire, confier à un autre le soin de ma vengeance, je vais prendre le commandement de mes troupes contre Renaud. Votre présence étant nécessaire à Arles, vous allez vous y rendre à l'instant.

REGINALD.

Eh ! quoi, seigneur, vous me privez de l'honneur de combattre à la tête de nos guerriers ? Devais-je m'attendre à un pareil affront ? Est-ce là le prix du sang que j'ai versé pour vous ? Que diront vos soldats ? Comment serai-je accueilli de ce peuple, qui ce matin célébrait mes victoires ? Qu'éprouvera-t-il en me voyant revenir honteusement, tandis que l'armée que je commandais va s'exposer à de nouveaux périls ?

MILON.

Par-tout, Réginald, un serviteur fidèle, peut être utile à son prince : obéissez et remplissez mes vœux. Le duc de Languedoc et le comte de Valence, ont pu profiter de la rebellion de Renaud, pour rallier les débris de leur armée ; je veux opposer à leurs efforts celui qui a déjà sû les vaincre. J'ai chargé Béroald de rassembler des forces suffisantes à la tête desquelles vous marcherez contre eux. Avant tout, montrez-vous au camp, faites rentrer les rebelles dans le devoir. A votre retour ici, vous recevrez les dépêches que vous devez remettre à Béroald.

REGINALD *à part.*

Milon, sans le vouloir, favorise mes projets. (*à Milon*). Seigneur, je cours exécuter vos ordres. (*Il sort suivi d'une partie des gardes.*

SCENE XIII.

Les Précédeus ; excepté REGINALD.

MILON. *à part.*

Ne crois pas m'échapper traître ! ta perte est assurée. (*haut*). Que ces gens se retirent.

O L I V I E R *à Bertrude.*

Rentrez, je suis à vous à l'instant. (*Bertrude et Bertholin rentrent*).

S C E N E   XIV.
M I L O N, O L I V I E R.

O L I V I E R.

Eh ! quoi, seigneur, lorsque la possession de la belle Alexide allait combler vos vœux, vous avez interrompu cette fête où j'avais déployé des talens sublimes, pour venir vous exposer à de nouveaux périls ! que ne laissiez-vous à Réginald le soin de votre vengeance.

M I L O N.

Réginald ! ... Il n'appartient qu'à moi de venger mon injure. Je vais attaquer l'imprudent baron de Castellane à la tête de mon armée, et mon courage me garantit la victoire. Je t'ordonne de te rendre sur-le-champ à la ville, prépares-y mon triomphe ; qu'il éclipse celui de Réginald, et qu'à mon retour Alexide se dispose à recevoir ma main.

O L I V I E R.

Vous serez obéi, seigneur ; mais ces fêtes exigent des dépenses excessives : daignez me donner un ordre signé de votre main, afin d'en autoriser les frais.

M I L O N.

Que rien ne soit épargné ; que la magnificence soit répandue dans mon palais ; le tems ne me permet pas d'entrer dans aucun détail : je vais te donner un blanc seing que tu rempliras à ton gré ; tu te chargeras du reste. (*Il va à la table, signe un papier et y appose le sceau de l'Etat*).

O L I V I E R.

Je suis ravi, seigneur, de trouver une nouvelle occasion de me signaler ; mes efforts surpasseront votre attente, et votre gloire va briller d'un nouvel éclat : je veux que semblable à l'astre bienfaisant qui vivifie la nature entière, vous paraissiez au milieu de votre cour. . . . .

M I L O N.

Allons, allons, laisse-moi, ta gaieté me fatigue. . . . Voilà le blanc seing, garde-toi d'en abuser, tu en réponds sur ta tête.   O L I V I E R.

Ce n'est pas la première fois, seigneur, que vous m'avez honoré de votre confiance, et vous savez. . . . . .

M I L O N.

Cela suffit . . . . . . obéis et fais la plus grande diligence. (*Olivier salue Milon et s'éloigne lorsqu'il est au fond, il revient furtivement et entre dans la maison*).

O L I V I E R *à part.*

Avant tout, allons faire nos adieux à la bonne Bertrude.

5

SCENE XV.

MILON *seul.*

Odieux Angilbert, tu reverras ton fils, mais le même coup
va vous frapper tous deux. Qu'il tarde à mon impatience !
Eh ! pourquoi suspendrai-je le châtiment du traître ? non,
rien ne peut m'arrêter, qu'il périsse à l'instant ! Il va venir,
ma garde m'est dévouée, dans un moment, il aura vécu !
Mais . . . . quelle imprudence ! n'a-t-il pas aussi de nombreux
partisans dans l'armée ? un tel éclat pourrait me devenir funeste. J'ai tout à redouter de la fureur de cette troupe effré-
née. Le perfide ! il a su captiver tous les cœurs, et moi . . . . .
sachons donc modérer le courroux qui m'anime, et portons-
lui des coups mieux assurés, oui, suivons notre première résolution. . . . . . Qu'il parte pour Arles, qu'il soit lui-même
porteur de son arrêt, et que Béroald soit seul chargé de m'en
délivrer.
(Il va se placer à la table et écrit, Olivier va pour sortir de la maison, mais appercevant Milon, il reste près de la porte).

SCENE XVI.

MILON, OLIVIER.

OLIVIER *à demi sorti.*

Dieu ! c'est Milon ! je le croyais parti . . . . . je devrais
être déjà loin ; gardons-nous de paraître, il punirait ma né-
négligence.   MILON *à table.*
Réginald ! je signe l'arrêt de ta mort. (*Il signe*).

OLIVIER. *à part.*

Qu'entends-je !

MILON.

Lisons ! « *à Béroald, Gouverneur d'Arles* ».
» Je t'enjoins aussitôt le présent ordre reçu, de te rendre
» maître de Réginald qui en est porteur, tu le feras conduire
» dans la prison d'Angilbert ; et tu te déferas de tous les
» deux en secret ». (*Il appose son cachet, ensuite il plie
et cachette la lettre*).

OLIVIER *à part.*

O forfait inoui !

MILON.

Quel bruit ! . . . . . . c'est Arnold.

SCENE XVII.

MILON, ARNOLD, OLIVIER *caché.*

ARNOLD.

Seigneur, l'ennemi s'avance ; on voit déjà flotter la ban-

nière de Renauld. L'action va commencer, notre avant-
garde n'attend plus que vos ordres et la présence de notre
général pour se mettre en mouvement.

MILON.

Réginald ne commande plus ici ; il est appellé à la défense d'Arles, et va partir à l'instant même.

ARNOLD.

Eh ! quoi ; seigneur, c'est au moment du combat que nous
allons être privé de ce guerrier ?

MILON.

Quel effroi peut donc nous inspirer son absence? ne
suis-je pas au milieu de vous?

ARNOLD.

Seigneur ? . . . . . .

MILON *à part.*

Sachons nous contraindre.

ARNOLD.

Cet éloignement ne vous cacherait-il pas plutôt une dis-
grâce que vous craignez de faire connaître à ceux qui lui
sont attachés ?

MILON.

Rassurez-vous, Arnold ; il a conservé toute ma confiance.
Régninald va se rendre en ces lieux. Remettez-lui ces dépêches , (*il donne la lettre qu'il vient d'écrire*) et qu'il
parte sans retard : vous me rejoindrez ensuite, Arnold, à
la tête du corps que vous commandez. Je vais faire les dis-
positions du combat, et vous me verrez toujours à votre tête.

ARNOLD.

Vos vœux seront remplis, seigneur ? (*Milon sort, Olivier*
l'examine sortir, le suit un instant et revient en scène).

SCENE XVIII.

OLIVIER, ARNOLD

ARNLOD.

Je ne sais quels pressentiments funestes s'emparent de mon
âme, ce départ précipité . . . . . l'air contraint de Milon . . . .
tout me glace et m'épouvante ! Mediterait – il de sinistres projets , Reginald ! seriez-vous réservé à devenir la victime d'un
traître.   OLIVIER *revenant du fond.*

Oui, seigneur, il est perdu, et cet écrit renferme l'arrêt
de son trépas.

ARNOLD.

Que dis-tu Olivier ?

OLIVIER.

Ce n'est pas tout ; apprenez encore que le vertueux Angilbert
est aussi privé de sa liberté.

ARNOLD.

O perfidie !

OLIVIER.

Oui, je viens de surprendre ce fatal secret : j'étais der-
rière cette porte, lorsque Milon traçait l'ordre barbare de les
faire périr tous deux.

ARNOLD.

Grand Dieu ! prévenons Réginald du coup qui le menace.

OLIVIER.

Gardez-vous en bien, mon cher maître, une telle imprudence vous perdrait sans pouvoir le sauver. Ne connaissez-
vous pas le caractère impétueux de notre général ? il voudrait aussi se venger, et ses efforts seraient impuissans :
évitons un éclat qui pourrait lui devenir funeste, ainsi qu'à
son père ; arrachons à-la-fois ces deux victimes à sa rage
sanguinaire. Si elles ne peuvent échapper à sa fureur, re-
tardons au moins les effets de son exécrable vengeance.

ARNOLD.

Mais comment les sauver ?

OLIVIER *réfléchissant.*

Le coup serait hardi ; mais il faut le tenter.

ARNOLD.

Explique-toi.

OLIVIER *tirant le blanc seing.*

Ce blanc seing destiné à préparer le triomphe de Milon, va
servir à sauver ses victimes.

ARNOLD.

Quels sont donc tes projets !

OLIVIER.

Vous allez les connaître. (*Il va à la table et écrit*).

ARNOLD.

Vertueux Réginald ! quel sort te réservait Milon ! jaloux
à la fois et de la beauté qui t'enflamme et des nombreux
lauriers qui ceignent ton front, l'infâme avait juré ta perte.
Mais je saurai te défendre. . . . . Oui, avant la fin du jour
le tiran sera abandonné.

OLIVIER.

Ecoutez sir Arnold ! (*Il lit*) : « Je t'ordonne de remettre
» à l'instant même Angilbert en liberté, et de confier à
» Réginald le gouvernement de la ville. Que cet ordre d'où
» dépend ma sûreté personnelle n'éprouve aucun retard.
» MILON ». (*Il va cachetter l'ordre et mettre l'adresse*).

ARNOLD.

O mon cher Olivier ! c'est le ciel qui t'inspire ! mais que
Réginald ignore ce que nous faisons pour lui, jusqu'à son
arrivée à la ville où tu vas le suivre. Le voici, ne laissons
rien paraître.

SCENE XIX.

OLIVIER, REGINALD, ARNOLD, SOLDATS.

REGINALD.

Tout est rentré dans l'ordre, et ma présence a suffi pour calmer les esprits ; mais où est Milon ?

ARNOLD.

Le comte, seigneur, est allé tout disposer pour le combat. Voici les dépêches qu'il m'a ordonné de vous remettre, et que vous devez porter à Béroald. (*Il remet le blanc seing*).

REGINALD, *prenant l'ordre.*

Je pars à l'instant. Je vous quitte, mes amis, puisque Milon l'ordonne ; mais croyez que rien ne pourrait m'éloigner de vous, si l'amour ne me rappelait près de l'adorable Aléxide, que Milon veut me ravir. Si je souscris à ses volontés, c'est que j'espère que cette soumission et les services que je suis encore à portée de lui rendre, me mériteront de sa part le sacrifice d'un amour qui n'aurait jamais dû naître dans son ame. Adieu, brave Arnold, je compte sur votre amitié.

ARNOLD.

Et sur mon entier dévouement. Peut-être, chevalier, en aurez-vous une preuve éclatante avant la fin du jour. N'oubliez pas, sur-tout, que vous laissez ici des amis prêts à sacrifier leur vie pour vous, et que telle destinée que le sort vous réserve, vous trouverez des vengeurs au milieu des compagnons de votre gloire.

REGINALD.

Je vous connais, brave Arnold, et j'emporte avec moi la certitude de votre attachement ; adieu. (*Il sort*).

SCENE XX.

ARNOLD, OLIVIER.

OLIVIER.

Et moi, je m'attache à ses pas. Oui, je veux arriver à la ville aussitôt que lui, et presser l'exécution des ordres que je viens de tracer.

ARNOLD.

Ne perds pas un instant : je ne tarderai pas à te joindre, à la tête de mes hommes d'armes. Je saurai m'emparer des portes de la ville, avant la fin du jour, et le tyran ne reverra jamais les lieux témoins de ses forfaits.

OLIVIER.

O mon maître ! notre ouvrage est commencé, la providence fera le reste. Partons. (*Ils sortent tous deux, suivis de leurs soldats*).

SCENE XXI.

BERTHOLIN, BERTRUDE, *sortant de la maison.*

BERTHOLIN.

Eh ! bien , où va-t-il donc , lui ? est-ce qu'il nous laisse aussi ?

BERTRUDE.

Qu'est-ce que ça te fait ? les affaires des grands ne te regardent pas ; allons , allons , Bertholin , rends-toi donc à la raison , et reste ici pendant l'combat qui s'prépare. Songe que des soldats trouvant c'te farme abandonnée , pourraient mettre tout au pillage. N'leux refuse rien , mais qu'ta présence les empêche de se porter à queuques excès.

BERTHOLIN.

Oui , ma maraine , j'vous obéirons , c't'apendant mon parrain avait bien besoin d'conduire c'maudit aveugle... Mais n'importe , allez , c'est tout comme... ainsi rentrez et comptez sur mon courage.

BERTRUDE.

C'est bon, , j'te laisse ; mais n'va pas faire queuque sottise.

BERTHOLIN.

Des sottises ! j'sommes p't'être habitué à en faire ? soyez donc tranquille et reposez-vous sur moi.

BERTRUDE.

Je me retire , mon ami , et j'te recommande de la prudence. (*Elle rentre chez elle*).

SCENE XXII.

BERTHOLIN , *seul.*

D'la prudence ! .. c'est ben dit ça ? oh ! oui , c'est mon fort la prudence. Satidié ! la mère Bertrude est ben exigeante d'exiger que j'restions seul ici pendant la bataille , bast ! bats ! rassurons-nous , j'ne sommes pas poltron , j'espère ! .. quoiqu'çà c'est ben dommage que l'père Marcel n'soit pas là pour m'ranimer. .. c'est c'ti là qu'est un brave qui connait l'métier ! c'que c'est d'avoir été à l'armée de la guerre ! ça vous dégourdit joliment un homme. .. Pardine , j'voulons sarvir aussi , moi ; il me manque plus qu'çà pour être un jeune homme accompli. .. oui , j'me ferai soldat : c'est fini , j'm'engage sitôt que la paix sera faite. Mais bon dieu ! qu'est-ce que j'entends.

(Les troupes de Renaud paraissent sur la montagne , elles chassent devant elles les troupes de Milon , Bertholin ne sait où se cacher et témoigne son effroi , les troupes disparaissent.)

Ah ! queu grabuge ! pauvre Bertholin te v'la flambé ! les malheureux , comme ils se poursuivent , bon dieu , bon dieu , où me cacher ? dans c'tonneau.

(Il se cache dans un tonneau, les troupes rentrent en scène, dans la mêlée on fait tomber le tonneau, qui roule à l'autre côté du théâtre, douze guerriers se présentent, combat à outrance, pendant lequel Bertholin fait rouler son tonneau près de la porte de la grange, il y entre, la mêlée recommence, Bertholin reparaît à la fenêtre du grenier, et jette des bottes de paille sur les soldats, bientôt il est apperçu, on se met en devoir d'enfoncer la porte, qu'il est censé avoir barricadé ; voyant entrer les soldats et n'écoutant que sa frayeur, il saisit la corde suspendue à une poulie qui est près de la fenêtre et se laisse glisser sur le théâtre. Bientôt les soldats paraissent à la fenêtre, Bertholin tire à lui la corde et se sauve, les troupes rentrent en scène. Mêlée générale, à la fin de laquelle elles sortent. Bertholin revient.)

Les v'la partis! ouf! bon débarras, et comme dit l'proverbe, c'est une belle chose de la guerre, quand on en est revenu. J'm'en sommes joliment tiré! j'ons conservé tout not' sang froid... dans c'tonneau. C'que c'est d'avoir du courage. Ah! mon dieu! encore ces enragés! allons trouver ma marraine, all' aura besoin d'moi pour la rassurer.   (*Il sort.*)

SCENE XXIII.
A R N O L D, Soldats.

A R N O L D, *tenant l'ordre que lui avait remis Milon.*
Oui, soldats, frémissez! cet arrêt barbare, allait vous priver de votre général ; mais puisque vous partagez mon indignation, secondez mes efforts, et que Réginald soit vengé.

LES SOLDATS.
Vengeance, vengeance.

ARNOLD.
Perfide Milon, tu n'auras recueilli de ta lâche trahison que la honte et la mort. D'après les ordres qu'il vient de me donner, j'ai dû rassembler l'élite de mes hommes d'armes ponr remplacer ceux de sa garde, qu'il vient de perdre dans le combat. Je vous choisis, braves guerriers, pour servir mes projets, dissimulez votre ressentiment jusqu'à ce que nous soyons dans nos murs. Il faut qu'avant la fin du jour Milon soit livré à Réginald et que la Provence se voye délivrée pour jamais de son exécrable oppresseur ; jurez, amis, jurez de défendre votre général au péril de votre vie.

LES SOLDATS.
Nous le jurons.   (*On entend sonner la retraite.*)

ARNOLD.
Mais j'entends sonner la retraite, Milon est repoussé! volons à son secours ; que la haine qu'il nous inspire ne nous fasse point oublier notre devoir qui nous commande de combattre et de vaincre les ennemis de notre patrie.

LES SOLDATS.
Marchons! (*Marche guerrière au son de laquelle les troupes défilent.*

Fin du deuxième Acte.

ACTE III.

Le Théâtre représente l'intérieur des cours du Palais des Comtes de Provence. A gauche de l'acteur est l'entrée d'une galerie ; à droite, l'entrée de l'appartement d'Alexide ; plus loin, dans le fond, une grille.

SCÈNE PREMIÈRE.

MARCEL, BAUDOUIN.

BAUDOUIN.

Où sommes-nous ?

MARCEL.

Dans la seconde cour du palais, à gauche est la galerie qui conduit aux appartemens de Milon ; à droite est le logement du gouverneur.

BAUDOUIN.

O dieu ! je suis dans l'asile de mes pères, c'est dans cette enceinte que fut versé le sang de tous les miens ! c'est ici que la malheureuse Ornance reçut le coup mortel. . . . . . . Ombres chéries ! soyez témoins de ma douleur amère !

MARCEL.

Quel souvenir déchirant !

BAUDOUIN.

Malheureux ! malheureux ! pourquoi respire-je encore ?

MARCEL.

Calmez, ô mon prince ! calmez ce désespoir. Vous trouverez, sans doute, les plus douces consolations dans les bras de votre ami.

BAUDOUIN.

Mais comment es-tu parvenu à me conduire jusqu'ici.

MARCEL.

Vous ayant laissé à la porte du palais, je m'avançai dans l'espoir d'être introduit près de mon neveu, lorsqu'un officier m'aborde et me dit d'un ton impérieux : qui es-tu ? que demande-tn ? Je suis Marcel, l'oncle d'Olivier, lui ai-je répondu. Olivier ! Il n'est point ici, il a suivi Milon au camp, ainsi retire-toi ! Je vous l'avoue, cette réception m'a déconcerté ; cependant, remis un peu du trouble où elle m'avait jetté, je me suis hazardé de lui demander la permission de voir sir Angilbert. Angilbert, me répond-t-il, en m'observant avec un regard qui me fit trembler. Que lui veux-tu ? quels rapports peux-tu avoir avec lui? Je ne le connais pas, je ne l'ai jamais vu ; mais je conduis un pauvre aveugle qui réclame son appui. — Tu prends bien ton tems ; il n'est pas visible. — Puis, s'adressant à ses gardes, il leur donne l'ordre

de me faire retirer. Forcé d'obeir, je reviens près de vous,
je vous conduis à la porte de l'esplanade , et trompant la
vigilance du factionnaire qui en garde l'entrée , je parviens à
vous introduire dans les cours sans être apperçu. Espérons que
le hasard nous fera rencontrer quelqu'un qui guidera nos pas
vers le maire du palais.

BAUDOUIN.

A qui nous adresser ?

MARCEL.

Je vais voir si quelqu'un de sa suite…en attendant, mon
prince, asseyez-vous sur ce banc.

BAUDOUIN.

Cesse donc de me donner ce titre ; si quelqu'un t'entendait…

MARCEL.

Personne, personne. Ah ! mon Dieu ! l'on vient je crois
reconnaî-re l'officier qui ma reçu avec tant de dureté. Oui,
c'est lui-même.

BAUDOUIN.

Fâcheux contre—tems.

SCENE II.

Les précédens, RANULPHE.

RANULPHE, *appercevant Marcel.*

Mais que vois-je ! c'est ce même homme à qui jai refusé l'entrée de ce palais.

MARCEL.

Que lui dire ?

RANULPHE.

Quels sont ces audacieux ? Comment vous êtes-vous introduits
dans cet endroit ?

MARCEL.

Seigneur, nous cherchons…

RANULPHE.

Je vous l'ai déjà dit, Olivier n'est point ici, et sir Angilbert ne peut vous recevoir, mais quel motif si pressant…

MARCEL.

Ce vieillard malheureux réclame son appui ; il a des droits à
sa bienveillance. Par pitié, monsieur l'officier daignez nous
être favorable ; nous vous en aurons une éternelle reconnaissance.

RANULPHE.

Je ne puis vous entendre, nul étranger n'a le droit de pénétrer dans cette enceinte , sans l'ordre du gouverneur. Ainsi
revenez un autre jour, l'accès vous en sera peut-être plus
facile.   BAUDOUIN.

Hélas ! il faut y renoncer.

MARCEL.

Ah ! si vous connaissiez la situation de ce vieillard ! souffrez, je vous en supplie. . . .

RANULPHE.

Allons, allons, sortez vous dis-je ; si vous n'obéissez à
l'instant, je vais instruire Béroald de votre résistance.

BAUDOUIN.

Béroald ! ah ! Marcel, retirons-nous.

MARCEL.

O ciel !

RANULPHE, *à part.*

Mais voici la princesse, exécutons l'ordre de Béroald, et
donnons-lui le change sur la disparition d'Angilbert.

MARCEL, *à Baudouin.*

Alexide s'avance.

BAUDOUIN

Alexide ! ah ! Marcel, ne nous éloignons pas.

RANULPHE, *voulant les entraîner.*

Eh ! bien, partirez-vous, enfin ? Faut-il employer la violence pour vous arracher de ces lieux ?

SCENE III.

Les Précédens , ALEXIDE.

ALEXIDE.

Ranulphe, que vous ont fait ces gens, pour les traiter avec
tant de rigueur ?

BAUDOUIN

Dieu ! quels accents ! je crois entendre encore . . . Oui,
c'est sa douce voix qui vient de retentir jusqu'au fond de mon
cœur. ALEXIDE.

Répondez, Ranulphe.

MARCEL, *se jetant aux genoux d'Alexide.*

Au nom de l'humanité, princesse, daignez vous intéresser
à cet aveugle, dont les malheurs sont faits pour exciter votre
commisération.

ALEXIDE.

Relevez-vous, brave homme, et parlez.

MARCEL.

Nous désirons remettre au seigneur Angilbert une lettre de
sir Réginald, qui s'intéresse au sort de cet infortuné.

RANULPHE, *à part.*

Une lettre de Réginald.

ALEXIDE.

Expliquez-moi, Ranulphe, quels sont les motifs qui vous
empêchent de laisser pénétrer jusqu'à sir Angilbert, dont
l'accès est ordinairement si facile aux malheureux.

RANULPHE

Madame, tels sont les ordres que j'ai reçus, et j'ignorais
d'ailleurs qu'ils fussent envoyés par le brave Réginald.

ALEXIDE

Vous me direz aussi, je pense, pourquoi je suis comprise
dans cette mesure.

RANULPHE.

Je me rendais chez vous, madame, de la part de sir
Angilbert, afin de calmer vos inquiétudes sur son absence.
Les préparatifs qu'exige la défense de la ville le retiennent
chez le gouverneur, qui, depuis le départ de Milon est en
conseil secret, et la présence du maire y est indispensable.

ALEXIDE.

Eh! bien, je vous ordonne d'aller à l'instant même lui
annoncer l'arrivée de ces bonnes gens. Ils ont une lettre
à lui remettre; peut-être est-elle d'une assez haute importance pour qu'elle ne puisse souffrir aucun retard, et je
vous rends responsable des événemens qui pourraient en
résulter.

RANULPHE.

Vous serez obéie. (*à part*). Courons avertir Béroald.

SCENE IV.

ALEXIDE, BAUDOUIN, MARCEL.

ALEXIDE *à Marcel.*

Vous avez vu Réginald, brave homme, est-il victorieux
revient-il triomphant ?

MARCEL.

L'action n'était pas encore commencée, lorsque nous avons
quitté le chevalier.

ALEXIDE.

Quel est ce vieillard dont l'air majestueux excite mon admiration?

MARCEL.

C'est un ancien ami, du seigneur Angilbert.

BAUDOUIN *à part.*

J'ai peine à contenir mes transports.

ALEXIDE *à Baudouin.*

Vous, son ami? Ah! oui, respectable vieillard; ce front
où siège la candeur, cette noblesse qui se fait remarquer,
malgré les habits qui vous couvrent; tout me dit que vous
êtes digne de l'homme estimable qui a pris soin de mou
enfance.

BAUDOUIN.

Oui, sans doute, madame, le sentiment le plus tendre
nous unissait l'un à l'autre. Mais hélas! pourra-t-il me reconnaître dans l'état de misère où le sort m'a réduit?

ALEXIDE.

N'en doutez pas, les hommes vertueux ont des droits

sur son âme ; et si de longs malheurs ont accablé votre vieillesse, vous en trouverez le terme près de lui.

BEROALD *à part.*

—Voilà Ornance ! ô mon Dieu je te remercie ! après tant de souffrances, je retrouve une nièce chérie du sang illustre qui lui donna le jour.

MARCEL.

Quelle situation !

ALEXIDE *à Baudouin.*

Vous paraissez agité, digne vieillard ?

BAUDOUIN.

Je l'avoue, madame, votre voix me rappelle celle d'une épouse adorée, que la mort m'enleva il y a dix-sept ans.

ALEXIDE.

Dix-sept ans ! où termina-t-elle sa carrière ?

BAUDOUIN.

Ici même ! des assassins tranchèrent ses jours !

ALEXIDE.

Ici, ... des assassins, . . . Dieu ! l'épouse de Baudouin éprouva le même sort, ... quel pressentiment ?

BAUDOUIN.

En partant pour la Palestine, je laissai ma compagne chérie près d'Ornance, dont elle partagea la triste destinée.

ALEXIDE.

O ciel ! vous revenez de la terre sainte. . . . . dites. . . . . que savez-vous. . . . . . apprenez-moi le sort de Baudouin ! qu'est devenu cet illustre malheureux ?

BAUDOUIN.

Il respire encore, et sera bientôt dans ces lieux.

ALEXIDE.

Baudouin existe ! . . . . . il se pourrait ? ô bonheur ! comment vous exprimer toute ma reconnaissance ?

BAUDOUIN.

Combien je suis touché de votre amour pour lui ! vous m'en voyez pénétré jusqu'aux larmes.

ALEXIDE.

Vous pleurez. . . . . . ah ! j'ai passé ma vie à pleurer aussi les malheurs de ce grand homme. Hélas ! que ne puis-je à l'instant le presser sur mon cœur.

BAUDOUIN.

Dieu quel trouble ! Excusez, madame, excusez des transports que je ne puis contenir. . . . . . . je ne suis plus maître de mes sens. Ah ! donnez, donnez-moi votre main, que je la couvre de baisers, Alexide, ne refusez pas cette faveur.

ALEXIDE, *lui donnant sa main.*

Vous refuser ?

BAUDOUIN.

Que ma misère ne vous effraye pas, ... ces lambeaux
cachent un cœur sensible . . . . . reconnaissant. . . . .

ALEXIDE.

Dieu ! quelle émotion, il me fait éprouver !

MARCEL.   *à part.*

Il est prêt à se trahir.

BAUDOUIN.

Quel moment pour mon cœur !

MARCEL.

Quelqu'un s'avance, remettez-vous.

BAUDOUIN.

Serait-ce Angilbert mon digne ami ?

ALEXIDE.

Non, C'est l'officier du palais.

SCÈNE V.

Les Précédens, RANULPHE.

ALEXIDE.

Eh bien, Ranulphe ?

RANULPHE.

Sir Angilbert va paraître à l'instant : (*à Marcel*) allez
vous reposer dans cette galerie, vous l'y attendrez sur son
passage ; il consent à vous recevoir, vous, madame, rentrez
dans votre appartement. Il m'a chargé de vous assurer qu'il
ne tarderait pas à s'y rendre.

ALEXIDE.

Adieu, vieillard infortuné ! qu'Angilbert vous ramène
bientôt près de moi ; il me sera doux de contribuer à adoucir
la rigueur de votre sort.

BAUDOUIN.

Est-il des maux dont vos bontés touchantes ne puissent effacer le souvenir ? Ah ! vertueuse princesse, j'oublie en cet
instant mes chagrins et mes longues souffrances.

RANULPHE   *à part.*

Quel si grand intérêt. . . . . . .

BAUDOUIN.

Conduis-moi, cher Marcel.

MARCEL.

Venez. (*Ils entrent dans la galerie à gauche, Alexide dans
celle à droite, Ranulphe les conduit des yeux*).

SCENE VI.

RANULPHE *seul.*

Je suis parvenu à éloigner la princesse, et bientôt sir
Béroald connaîtra l'objet du message mystérieux dont ses
gens sont chargés ; le voici qui s'avance.

SCENE VII.

BEROALD, RANULPHE.

BÉROALD.

Eh bien, Ranulphe, Alexide, en s'éloignant n'a-t-elle rien
soupçonné de nôtre stratagême ?

RANULPHE.

Non, seigneur ; elle le croit retenu au conseil, mais elle
espère le revoir bientôt.

BÉROALD.

Je saurai tromper son espoir. . . . Où sont ces gens chargés
de la mission de Réginald à son père ?

RANULPHE.

Là ; dans cette galerie où ils attendent le moment d'être
présenté au maire.

BÉROALD.

L'un deux m'as-tu dit est privé de la lumière ?

RANULPHE.

Oui, seigneur, et malgré sa misère, je crois que c'est un
personnage d'une haute importance.

BÉROALD.

Comment ?

RANULPHE.

Le profond respect qu'a pour lui le paysan qui l'accompagne, l'intérêt que lui a témoigné la jeune Alexide, l'air
de grandeur que j'ai remarqué dans ses manières et discours ; tout me fait présumer que cet homme fut jadis
d'un rang élevé.

BÉROALD.

Le villageois qui lui sert de guide, connait-il Angilbert ?

RANULPHE.

Nou, seigneur, il me la dit lui-même, il ne la jamais vu.

BÉROALD.

Heureux hasard ! fais avancer ces gens, et sur-tout qu'en
me remettant la lettre de Réginald, ils croyent s'adresser à
Angilbert lui-même.

RANULPHE.

Oui, seigneur. (*Il sort*).

BÉROALD. *seul*.

Cette ruse peut-être me donnera quelque indice du secret
dont Angilbert fait mystère.

SCENE VIII.

BEROALD, MARCEL, BAUDOUIN, RANULPHE.

RANULPHE.

Venez, braves gens, le maire du palais est disposé à vous recevoir, le voici.

BAUDOUIN. *à part.*
Je vais donc enfin le presser sur mon cœur !
BEROALD.
Approchez.
MARCEL *lui présentant la lettre.*
Seigneur ; cette lettre de votre fils va vous instruire du motif qui nous a conduit près de vous.
BEROALD.
Donnez. (*Il prend la lettre*).
MARCEL.
Seigneur, ne pourrions nous être seul un instant avec vous ?
BEROALD.
J'y consens. (*Il parle bas à Ranuphe, puis il dit haut*). Retire-toi. (*Ranulphe sort*).

SCENE IX.

BEROALD, MARCEL, BAUDOUIN.

BÉROALD.
Lisons. « L'aveugle infortuné qui vous remettra cette lettre,
» peut vous donner des nouvelles du malheureux Baudouin.
» Je m'empresse de vous l'adresser, connaissant votre amour
» pour ce prince, et l'espérance que vous avez toujours con—
» servé de le voir revenir dans ses Etats. Adieu, mon père,
» je vais donner le signal du combat. Votre fils, Réginald. »
(*A part*) Perfide Angilbert ! ta trahison est-elle assez prouvée ?
BAUDOUIN
Que dit-il ?
MARCEL, *à Baudouin.*
Je tremble, seigneur, je crains bien que nous ne soyons trahis.
BEROALD
Tu peux attester l'existence de Baudouin ?
BAUDOUIN, *écoutant.*
Ciel !
BEROALD
Conserve-tu l'espoir de son retour ?
BAUDOUIN.
Qu'entends-je, grand Dieu ! ce n'est point Angilbert.
BÉROALD.
Non, traître.
BAUDOUIN.
Marcel, où m'a-tu conduit ?
BEROALD
A la mort !
BAUDOUIN.
La voix, la terrible voix de l'infâme Beroald.
BEROALD
Oui, c'est lui-même et tu ne t'es pas trompé.

M A R C E L.

Ah ! mon Dieu, qu'ai-je fait ?

B E R O A L D

Mais toi, téméraire vieillard, quel est ton nom ?

B A U D O U I N.

Que t'importe.

B E R O A L D, *le considérant.*

Mais . . . quels traits ? . . . C'est lui, c'est Baudouin ! O bonheur ! il est en ma puissance !

B A U D O U I N.

Oui, c'est ton maître ! Qu'attends-tu, misérable, pour assouvir ta rage sanguinaire ? Déjà ta main barbare a tranché les jours de tous les miens ; mets le comble à tes forfaits et délivre-moi de l'horreur de t'entendre.

M A R C E L.

O sort funeste !

B E R O A L D

Milon, quelle sera ta joie, lorsque tu sauras que ton ennemi est en mon pouvoir. Gardes !

S C E N E X.

Les Mêmes, **R A N U L P H E,** Gardes.

B E R O A L D.

Saississez ces traîtres, et qu'ils soient conduits dans la même tour qui recèle Angilbert. Baudouin, tu vas bientôt partager son supplice.

B A U D O U I N.

Perfide ! je subirai mon sort, mais ne crois pas ton triomphe de longue durée. Dieu, lassé de tes forfaits, de ceux de l'infâme Milon, fera enfin éclater sa vengeance terrible.

M A R C E L.

O mon prince ! je vous ai perdu !

B E R O A L D

Qu'ils soient plongés dans un affreux cachot, et que la présence de Baudouin en ces lieux soit un secret impénétrable ; Ranulphe, tu en réponds sur ta tête. (*Ranulphe et ses gardes entourent Baudouin et Marcel, et l'emmènent.*)

B E R O A L D, *seul.*

Ciel ! voici la princesse ! il était tems. Prolongeons son erreur, et sachons dissimuler.

S C E N E X I.

A L E X I D E, B E R O A L D.

A L E X I D E

Rien n'égale mon impatience, seigneur ; j'attendais Angilbert : depuis hier, je ne l'ai point vu, daignez calmer mes inquiétudes.

B E R O A L D

Rassurez-vous, belle Alexide ; l'absence de Milon a né-cessité sa présence dans un conseil secret qui a duré toute la nuit, et il est en ce moment avec deux inconnus envoyés par son fils.

A L E X I D E

Deux inconnus ?

B E R O A L D

Oui . . . un paysan et un vieillard aveugle, dont l'état dé-plorable inspire le respect et la compassion.

A L E X I D E

Souffrez que j'aille les trouver, et. . . Mais quel bruit ?

B E R O A L D

Que vois-je ? C'est Réginald !

A L E X I D E

Réginald ! ô bonheur !

B E R O A L D, *à part*.

Milon a suivi mes conseils, c'est lui qui l'envoye sans doute ; profitons du moment, que Baudouin, Réginald et Angilbert périssent en ce jour.

S C E N E X I I.

Les Précédens, R E G I N A L D.

R E G I N A L D.

Chère Alexide !

A L E X I D E.

Ah ! Réginald, ce retour précipité, en comblant mes vœu les plus chers, exite cependant ma surprise. La victoire se serait-elle déjà déclarée en votre faveur.

R E G I N A L D.

Non, charmante Alexide ; l'ordre de Milon seul me ra-mène en ces lieux. Il m'a destiné à protéger la ville, dans le cas où le comte de Valence et le duc de Languedoc, pro-fitant de son absence, voudrait chercher à s'en rendre maître.

A L E X I D E.

Heureuse circonstance qui vous ramène près de moi.

R E G I N A L D.

Je suis chargé, seigneur, de vous remettre cet écrit, de la part de Milon.

B E R O A L D *à part*.

Plus de doute, il vient se livrer à mes coups. (*Il lit.*) Ciel ! en croirai-je mes yeux ? qui peut l'avoir si subitement fait changer de résolution, (*relisant.*) « Je t'ordonne de » remettre à l'instant même Angilbert en liberté, et de confier » à Réginald le gouvernement de la ville. » C'est bien sa signature. . . le sceau de l'état. . . Je m'y perds !

(50)

REGINALD.

Qu'avez-vous Béroald ? que signifie le trouble où je vous vois?

BEROALD.

Je l'avouerai, seigneur, j'ai peine a revenir de mon étonnement.

REGINALD.

Que voulez-vous dire ?

BEROALD.

Que faire ? irai-je exécuter ce que renferme cet écrit ? non jamais, Milon fut surprit sans doute! mais voici Olivier. . , il marche à pas précipités ; il m'apporte, je n'en doute pas, la révocation de cet ordre.

SCENE XIII.

Les Précédens, OLIVIER.

BEROALD.

Que veux-tu Olivier ?

OLIVIER.

Envoyé par Milon, je viens savoir si ses vœux sont remplis.

BEROALD.

Comment ?

OLIVIER.

Oui, seigneur, je suis chargé par lui de presser l'exécution de cet ordre.

BEROALD.

De quel ordre me parles-tu ?

OLIVIER.

De celui que sir Réginald a du vous remettre et que vous tenez entre les mains.

BEROALD.

Cet ordre est faux.

OLIVIER, *déconcerté.*

Il est faux. . . dites-vous ?

BEROALD.

Milon n'a pu se déterminer à ce que renferme cet écrit.

REGINALD.

Que signifient ces débats ? daignerez-vous m'en apprendre la cause ! OLIVIER.

Gardez vous d'en douter, sir Béroald, vous n'avez pas un instant à perdre.

BEROALD.

Non, jamais ! . . et je vais au contraire. . .

OLIVIER, *l'arrêtant.*

Arrêtez. . . écoutez-moi. (*A Réginald.*) Pardon, seigneur. (*Bas à Béroald.*) Qu'allez-vous faire, songez qu'il y va de la vie de votre maître.

(51)

ALEXIDE, *à Réginald.*

Que signifie. ..

BEROALD, *à Olivier.*

Explique-toi.

OLIVIER.

Ses jours sont menacés.

BEROALD.

Que dis-tu ?

OLIVIER, *avec mystère.*

Dès que le bruit s'est répandu du départ de Réginald, un
soulèvement général a éclaté dans toute l'armée ; une foule
de soldats s'est rendue à la tente de Milon , là, il lui ont déclaré qu'ils savaient qu'Angilbert était privé de sa liberté et
que les jours de leur général étaient en danger ; ils l'on fait
prisonnier et ne le laisseront libre que lorsque de retour au
camp, je serai accompagné d'Angilbert, dont la présence
seule peut calmer la fureur de ces forcenés, si vous n'obéissez
à l'instant aux volontés du comte, vous le perdez , seigneur ,
vous vous perdez vous-même.

REGINALD.

Quel mystère !

BEROALD.

Se pourrait-il ? . . . .

OLIVIER, *haut.*

Hâtez-vous, seigneur, hâtez-vous de délivrer sir Angilbert.

REGINALD.

Qu'entends-je ? mon père ! . .

ALEXIDE.

O ciel !

OLIVIER.

Oui, seigneur, votre père dans les fers, depuis le départ de
Milon. REGINALD.

Dans les fers ! ô perfidie !

ALEXIDE.

Vous me trompiez, Béroald ?

BEROALD.

J'ai du exécuter les ordres de mon souverain.

REGINALD.

Hâte toi de rendre Angilbert à la liberté, où tu vas éprouver sur l'heure les effets de ma juste colère. Viens, misérable, conduis mes pas vers la prison.

OLIVIER (*à part*).

Bien , bien, c'est çà.

BEROALD.

Calmez votre courroux, seigneur, et croyez qu'il m'a été
bien pénible de me voir forcé d'exécuter des ordres que j'ai
long tems combattus. Restez près de la belle Alexide, et reposez-vous sur moi, du soin de briser les fers du vertueux

Angilbert, vous jugerez à mon empressement, que j'ais
loin de partager les fureurs de Milon.

REGINALD,

Je me plais a le croire. Allez ; et qu'à l'instant Angilbert
nous soit rendu.

BEROALD *à part.*

Profitons du seul instant qui nous reste et que Baudouin
périsse. (*Il sort.*)

SCENE XIV.
ALEXIDE, REGINALD, OLIVIER.

RECINALD.

Quelle trame odieuse! perfide Milon! quels étaient tes
projets ? la passion qu'Alexide t'inspire, peut-elle jamais
t'excuser à mes yeux d'avoir osé jetter dans les fers l'auteur
de mes jours. O Dieu! si je n'écoutais que la fureur qui
m'anime, bientôt je me vengerais du traître. Olivier, explique
moi ce mystère ?

OLIVIER

Frémissez, chevalier, Milon ayant juré votre perte et celle
d'Angilbert, avait signé l'arrêt de votre mort ; mais à l'aide
d'un blanc-seing que j'ai rempli, j'ai substitué à l'ordre de
votre supplice celui de la délivrance d'Angilbert, et Milon
sera trompé dans son attente.

REGINALD

Ah! généreux ami ! exécrable Milon !

OLIVIER

Vengez-vous, Réginald, vos guerriers vous seconderont.
Arnold muni de l'ordre qui a failli vous perdre, saura
exciter leur juste indignation.

ALEXIDE.

Quel funeste pressentiment vient s'emparer de moi. . . . .
Ah! Réginald où peut être l'aveugle que vous avez adressé
à votre père? J'ai vu cet infortuné, l'odieux Béroald m'a
dit qu'il était en ce moment avec le maire. O ciel! je tremble
qu'il ne soit enore une victime de la scélératesse de ce
monstre. REGINALD.

Malheur à lui s'il nous trompe! Je vais à l'instant même. . .

OLIVIER

Sir Angilbert vous est rendu, le voici qui s'avance.

SCENE XV.
ALEXIDE, ANGILBERT, REGINALD, OLIVIER.

REGINALD.

Ah! mon père! je vous revois enfin.

ANGILBERT,

Réginald! . . . . chère Alexide!

(55)

A L E X I D E.

Les barbares! ils ont osé attenter à votre liberté.

A N G I L B E R T.

Oui, mes enfans, Milon instruit de votre amour, me
fit paraître devant lui, et après avoir fait éclater sa colère.
Il donna l'ordre de me jetter dans un affreux cahot où j'attendais à chaque instant une mort certaine. Je ne sais encore par quel prodige je viens de vous être rendu. Mais,
ô surprise extrême ! Qu'elle scène épouvantable vient de
troubler le silence effrayant de ces horribles lieux dont on
vient de m'arracher . . . . . oui . . . . . mon cœur n'a pu s'y
méprendre . . . . la voix de mon souverain a frappé mon
oreille...... j'ai aussi entendu prononcer le nom chéri de
Baudouin..... Ah! Réginald frémis d'avance.....

R É G I N A L D.

Comment !

A L E X I D E.

Je tremble, que voulez-vous dire ?

A N G I L B E R T.

Quelques instans avant d'être tiré de mon affreux cahot, un
bruit sourd s'est fait entendre, croyant ma dernière heure
arrivée, je soulève mes chaînes pesantes, et je me traîne
avec effort vers la fenêtre qui donne dans les sombres cor-
ridors de ces prisons souteraines. Que vois-je à la pâle lueur
des flambeaux qui dans ce moment éclairent ces voutes
effrayantes ? Ranulphe et ses soldats conduisant un vieillard
aveugle, dont les accens plaintifs déplorent la destinée
d'Alexide ; un paysan l'accompagne ; il rappelle à ces féroces
satellites le respect qu'ils doivent à leur légitime souverain, les
barbares le traînent avec plus de violence ; à ces cris, à ces
accens ; je reconnais Baudouin, le malheureux Baudouin,
bientôt l'obscurité succède à cette scène d'horreur, et le bruit
effrayant des portes qui se referment sur ces infortunés, vient
porter dans mon âme le trouble et l'épouvante.

A L E X I D E.

O ciel ! ce vieillard est Baudouin, ah! mon cœur l'avait
bien pressenti.

R E G I N A L D.

Fatal destin! qu'ai-je-fait ? J'ai livré ce grand homme à
ses ennemis.

A N G I L B E R T.

Il est tems enfin que je dévoile ce secret que je tiens caché
depuis dix-sept ans, Réginald vous n'êtes point mon fils.

R E G I N A L D.

Que dites-vous; Angilbert ?

A N G I L B E R T.

La vérité, ce prince infortuné privé de la lumière, qui lan-
guit en ce moment dans un affreux cachot....

REGINALD.

Eh bien ?

ALEXIDE.

Achevez.

ANGILBERT.

C'est à lui que vous devez l'existence, Baudouin est votre père.

REGINALD *et Alexide.*

Grand Dieu !

ANGILBERT.

Vous êtes ce Roger que Béroald perça de coup cette nuit si funeste où périt l'infortunée Ornance ; au moment du carnage, je m'introduisis chez votre mère dans le dessein de défendre ses jours, mais, hélas ! le crime était consommé, et Milon triomphait ! vous respiriez encore, je vous pris dans mes bras, et je vous dérobai à tous les yeux. Je venais de perdre la veille un fils au berceau ; son corp fut déposé dans la tombe d'Ornance et vous passates pour lui.

REGINALD.

Baudouin mon père ! Baudouin captif dans son palais ! ô ma mère, j'en jure par cette épée. . . oui, avant la fin du jour ton assassin aura vécu, je cours rassembler les soldats qui gardent ce palais. Instruits du secret de ma naissance et des projets atroces de Milon, ils m'aideront a briser les fers de Baudouin. . . Restez, malheur à Béroald, s'il se trouve sur mon passage.   .   (*Il sort.*)

SCENE XVI.

Les Précédens, excepté REGINALD.

ANGILBERT.

O mon dieu ! fais éclater ta justice, et daigne protége l'entreprise de Réginald. Mais des soldats s'avancent à pas précipités. . . serait-ce Béroald et ses féroces satellites.

ALEXIDE

Ah ! je frémis.

OLIVIER.

Ne craignez rien, seigneur, c'est Arnold qui s'avance.

SCENE XVII.

ALEXIDE, ANGILBERT, ARNOULD, OLIVIER, Gardes au fond.

ARNOLD.

Je vous revois, seigneur, le ciel en soit loué ; où est R ginald ?   ANGILBERT.

Il court délivrer Baudouin.

ARNOLD.

Baudouin !

ANGILBERT.

Oui, brave Arnold, notre souverain nous est rendu, l'infâme Béroald l'a fait charger de fers, mais ils vont tomber à
la voix de son fils.

ARNOLD.

Que dis-je? Baudouin en ces lieux, bonheur inespéré!

ANGILBERT.

Vous saurez tout, Arnold, mais les momens sont précieux,
que fait Milon?

ARNOLD.

Il marche sur mes pas.

ALEXIDE

Ciel!

ANGILBERT.

Contre-tems funeste!

ARNOLD.

Rassurez-vous, il est au milieu de mes soldats; j'ai su les
gagner et leur montrant l'ordre que ma remis Milon, et qui
commandait votre supplice et celui de Réginald. Après le
combat qui vient d'avoir lieu et dans lequel Milon a perdu la
plus grande partie de sa garde, je su lui persuader que Béroald,
son fidèle agent, m'avait fait informer que ses ordres étaient
exécutés; que Réginald et son père avaient cessé de vivre,
mais que les plus grands troubles se manifestaient dans la
ville et au palais, que sa présence y étaient absolument nécessaire pour appaiser les séditieux. Dupe de mon stratagême,
il a consenti à me suivre, et je le devance de quelques instans, afin d'aviser avec vous aux moyens d'assurer sa perte.

ANGILBERT.

Digne ami!

ARNOLD.

C'est à Olivier, seigeur . . . Milon s'avance.

ANGILBERT

Le traître vient se livrer à nos coups.

ARNOLD

Retirez-vous, seigneur, et laissez-moi seul avec lui. . . Allez
au-devant de Réginald, et qu'à l'aspect de Baudouin, Milon
soit frappé de la foudre.

ANGILBERT.

Venez, Alexide; à notre retour sa puissance est anéantie.

OLIVIER, *à part.*

Çà va, çà va, çà marche. (*Ils sortent tous trois.*)

SCENE XVIII.

ARNOLD, *seul.*

Prolongeons son erreur jusqu'à ce que je sois certain qu'il
ne peut échapper au sort que nous lui préparons. Le voici.

SCENE XIX.

ARNOLD, MILON, soldats d'Arnold, officiers de Milon.

MILON.

Eh! fidèle Arnold, où sont les séditieux ? Nommez-les moi,
et qu'à l'instant . . .

ARNOLD

Dans l'instant, seigneur, ils reconnaîtront votre puissance,
et les traîtres seront punis.

MILON.

Où est Béroald, ce fidèle ami ?

ARNOLD.

La mort d'Angilbert et de son fils, avait excité le peuple à la
révolte, Béroald a sçu l'appaiser. Ce même peuple, en appré-
ciant les motifs qui ont dirigé vos coups, s'empressera, n'en
doutez point, de tomber aux pieds de son légitime souverain, la
fortune se déclare en votre faveur.

MILON.

Je n'ai donc plus rien à redouter !... mes ennemis ont dis-
parus, mon rival n'est plus et la fière Alexide va fléchir devant
moi.

ARNOLD.

On vient, seigneur, jouissez de votre triomphe.

SCENE XX.

ARNOLD, ANGILBERT, REGINALD, MILON.

REGINALD.

Infâme Milon, ta dernière heure est arrivée.

MILON.

Que vois-je ? Réginald et son père ! Perfide Arnold, tu
m'as trahis ; soldats, saisissez ces traîtres.

ANGILBERT.

Soldats, reconnaissez dans Réginald le fils de Baudouin,

MILON.

Que dis-tu, misérable, où est Béroald ?

REGINALD

Tu l'appelles en vain, il est tombé sous nos coups au moment même où se disposant à frapper le malheureux Baudouin,
le lâche allait me priver d'un père.

MILON.

Baudouin ! Qu'entends-je !

ANGILBERT.

Oui, monstre, ton maître est en ces lieux ; tu va le voir
paraître.

REGINALD

Approchez, mon père.

SCENE XXI.

Les Précédens, BAUDOUIN, ALEXIDE, MARCEL, soldats.

BAUDOUIN.

Ah! Roger, mon digne fils, où est-il? où est-il ce scélérat?

MILON.

Grand Dieu! c'est lui.

BAUDOUIN.

Quels accens! c'est la voix de l'exécrable assassin de ma famille!

MILON.

Soldats! que ces perfides tombent sous mes coups, et mes trésors seront votre récompense. (*Les soldats passent tous du côté de Baudouin.*) O vengeance! secondez ma fureur.

(Il tire son épée et va pour frapper Baudouin, Olivier se jette au-devant de lui, ses officiers le désarment et tourne le fer de son côté. TABLEAU.)

MILON.

O rage! suis-je assez humilié!

BAUDOUIN.

Que ce monstre soit conduit à la tour, et que bientôt son supplice s'apprête.   (*On entraîne Milon.*)

SCENE DERNIERE.

ARNOLD, ANGILBERT, ALEXIDE, BAUDOUIN, REGINALD.

REGINALD.

O mon père! oubliez vos souffrances, et que votre règne ramène le bonheur parmi nous.

BAUDOUIN.

Mes enfans, mes amis, je vous suis rendu, mes maux sont terminés.

ANGILBERT.

Courons annoncer au peuple, ce grand événement. La présence et les malheurs de cette auguste victime du sort, ne peuvent manquer d'exciter sa compassion, de réveiller son amour. Il nous aidera, sans doute, à remercier la divine providence qui punit le crime, et ramène un père au milieu de ses enfans.

FIN.

De l'Imprimerie de HOCQUET et Comp., rue du Faubourg Montmartre, N°. 4, au coin du boulevard.